株式投資で1億円の作り方

Invest in stock market

投資コンサルタント
堀北晃生
Akio Horikita

本書を読み進める前に…

本書をご購入頂き、誠にありがとうございます。

この書籍では、株式投資初心者の人から玄人の方まで活用できる投資手法をお伝えしていきます。あまりにも強力な手法が故、大きな利益を獲得する方が続出すると思います。

堀北流の増担保規制トレードは、一言で言うと、ズバリ…

「増担保規制がかかりそうな銘柄を見つけて先回りして空売りを行うだけ」

たったこれだけです。

なんだそれだけか。と思われた方もいるかもしれませんが、キモは、「増担保がかかりそうな銘柄」を探すというところです。

ＪＰＸのサイトでは、増担保規制がかかった銘柄が、日々公表されています。ただ、増担保規制がかかりそうな銘柄は公表されていない。

つまり、どこにも公表されていないデータこそが、「増担保規制がかかりそうな銘柄」なのです。

そうなると、このような疑問を持つことでしょう。

「どのようにして増担保規制がかかりそうな銘柄を見つけたらいいのか？」

安心してください。この「増担保規制がかかりそうな銘柄」を見つけるための方法として、本書をお読み頂いている方に向けてプレゼントを用意しました。

それは…、増担保規制がこれからかかるであろう銘柄の探し方をご紹介する無料動画セミナーです。この無料動画セミナーにご参加頂くと、増担保規制がかかりそうな銘柄の見つけ方を知ることができます。

増担保規制がかかりそうな銘柄を見つけて、適切なタイミングでトレードします。すると、本書の第9章で紹介しているようなトレード実績が出せるようになります。

本当にインパクトがありすぎる手法で、たった1日で10％以上の利益を取れることもよくあります。

無料セミナーは下記のＱＲコードよりご参加可能です。

短い時間で大きな利益を期待できる手法なので、是非、本書をお読み頂き増担保規制を利用したトレードを身につけてみて下さい。

無料動画セミナー
参加はこちらから

はじめに

「空売り」という武器をすべての個人投資家に

この書籍はあなたに新しい発見と、投資に関する可能性拡大を感じることができ、自分の未来を自分でデザインできるヒントが秘められています。

申し訳ないが…、人生は、不条理の連続。


「なんで、自分より若い人があれだけ稼いでいるのか?」

「なんで、大損した寂しさを感じなければいけないのか?」

「なんで、自分の資産が増え続けていかないのか?」

「なんで、自分が株を買うと下がってしまうのか?」

このように生きていくうちには、誰でも「なんで？　なんで？」と、天に向かって悪態をつきたくなる時がある。

しかし、そうした不条理をきっかけに富を創出し、社会変革を促す戦略がある。

それが本書で、あなたに届ける「規制空売りの教科書」。

空売りとは、ごく一部の機関投資家やプロトレーダーたちが行うトレード技術だと言われてきた。

しかし、この分野を研究し続けてきた私の実感からすればもっと根源的なもの。

この技術を、一文に凝縮するなら、**「人間の心理を先読みして、相場が上昇しても下落しても利益をもぎ取る技術」**である。

すなわち、「変化の激しい社会を生き抜くための資産管理の技術」であり、未来を自由にデザインするための空売り戦略と言っても過言ではない。

「投資戦略？　分散投資もしているし、いまさら空売りはもう十分だ」という読者も多いかもしれない。

しかし、今更ながら振り返ってみると、盲点があったことに気づく。

多くの投資戦略の９割以上が「買い」からスタートしている。

「株は安いところで買って高くなったら売る」

これが投資家の脳裏に焼き付いているからだ。

多くの投資信託も買いからスタートするのが一般的。

しかし、買いだけのチャンスしか手にできないのは半分以上のチャンスを見逃していることと言わざるを得ない。

人生100年時代に必要な「4つの力」

そう、規制空売りとは、人間の心理を知り行動パターンを知る力のこと。

かつては株価チャートを分析し、財務分析を理解した上で投資判断をする。相場が上昇トレンドの時には上りのエスカレーターに乗るように資産を拡大する上では効果的だった。

しかし、今や、「100年に一度」と言われるような想定外の出来事が連発する時代。不確定要素が高くリスクが阻む中で一つのやり方だけに固執していては、マーケットから退場になってしまう。

私たちが、長い投資研究開発において利益を出し続けるためには、空売り戦略に加え、4つの力が必要だと考えている。

「人は何に恐れを感じるかを読み取る、心理学」
「損失を回避するための行動パターンを知る、組織行動学」
「あらゆるリスクとリターンのバランスを読む、分析力」
「未来を切り開く、実行力」

このように心理、行動、分析、実行という相互に連動する力、すなわち自分の意志で生きる力については、不当に軽視されてきた。

（「空売り戦略」は力強く生きるための根を作るが、枝葉を茂らせ、自分らしいビジョンを実らせるためには、空売り戦略により、「判断力」「思考力」「管理力」「分析力」の4つの力を養わなければいけない）

いかに「買い戦略」が、あなたの可能性を制限してきたか

もしもお金の授業で、私が空売り戦略を学んでいたとすれば、4つの能力がすべて磨かれるので、次のようなことが、当たり前にできるようになる。

〈空売り戦略で広がる可能性〉

- これから株価がどのような動きになるかを、心理学、脳科学、行動科学の視点から予測できるようになる
- 利益を最大化するためのキャッシュポイントを事前に知ることができ、自らが選択できるようになる
- 損失を最小限にするための考え方が身につき、最悪の状態から脱却するための投資戦略が身につけられるようになる
- 大幅下落相場を恐れるのではなく、逆にチャンスととらえ空売りで利益を量産するため

の投資戦略が身につく
●なりたい自分を実現するためにワンランク上の夢目標を再設定することができ、それを最速で達成する目標を目指すことができる
●他人の情報に惑わされることなく、自らの意思で選択ができるような自立型の投資家として成長し続けることができる
●結果を出す投資家の仲間とともに、分析し実績を紹介し合うことで自分の発想にはなかったような気付きが得られる
●年金や他人のお金に頼ることなく自分なりに未来をデザインできる稼ぐ力を身につけることができるようになる
●好きな時に好きな場所で、好きな人と好きな仕事を選択できるようなライフスタイルを自らが選ぶことができるようになる
●投資業界の常識に縛られるのではなく、逆転の発想で新しい方法や新しいスタイルを自ら確立することができるようになる

このように買い戦略を超えた投資教育を受けられていたら、今頃は、誰もが経済不安から解放され、豊かで創造的な社会に生きていただろうと思えることばかりだが…、まだ遅くはない。読者に朗報がある。

この規制空売りという技術を習得するのは、実は難しくない。公認会計士や弁護士や医師などの資格試験に合格するには膨大な書籍を読まなければいけないし、美容師・理容師、理学療法士や作業療法士などが一人前になるほうがよっぽど長い時間がかかる。

また、プログラミングや英語を習得するには、新しい言語を学ぶ必要があるが、規制空売りは、使い慣れている心理を研鑽するスキルだから、大きなアドバンテージがある。

しかも、あなたがすでに持っている経験や技術を規制空売りの技術により、自らの価値を明確に表現できるようになると、心臓が張り裂けそうなくらいの緊張感からは開放されるようになる。

唯一のボトルネックは、空売りのノウハウがほとんど表に出ていないこと。

9割以上の投資の教材は、買いから始まるやり方を教えている。

しかし、マーケットは人間の呼吸のように上昇することもあれば下落することもある。

上昇する時は「買い」で株を買って利益を出してもいいが、下落する時は「空売り」をして利益をあげてはいけないというルールに縛られていたら不利でしかない。

ちょうど、ボクシングの試合で、あなただけ「右手はパンチしてもいいが左手でパンチしてはいけない」と言われているようなものだ。

当然勝てるわけがない。

守るべきものを守るために、脳科学とファイナス知性を手にする

タイトルに「教科書」としたのは、誇張ではない。

従来の株式投資の概念を打ち壊し、現代の金融技術にとどまらない広範な分野、

――空売り戦略、心理戦略、行動科学戦略から、効果計測・分析、ポートフォリオデザイン、発想法や資産管理技術まで――

を漏れなくカバーしている。

総計１００に及ぶ規制空売りの技術を横断的につなぎ合わせ、実用しやすい体型にまとめ上げるには果てしない作業が必要となった。

そのモチベーションを持続できた理由を、こっそりと明かせば、著者たちの個人的な事情がある。

実は、著者は人生の行き先が見えず、大きな壁にぶち当たっていた時に、規制空売りに救われたからだ。

私、堀北晃生は、19歳で独立起業。20代で株式投資の世界に飛び込み、金融の技術を学び投資に打ち込んだ。そして投資のトップクラスの人たちと出会えるようになり、ある投資家の魅力に惹かれて弟子入りをする。

しかし、その投資の師匠はＩＰＯ詐欺師であり、預けていたお金がほとんどなくなってしまった。

布団から出ることができなくなり、体の震えが止まらないという事態になってしまった。10歩歩いて死にたいと思えるほど精神的に追い詰められた。

その後は、金融工学ではなく心理学、脳科学の師匠から学びそれを株式投資の分野に転用。さらにＭＢＡ（経営学修士）を取得しながら古典的な経営理論と近代的な経営ノウハウを習得しながら研究を重ねる。

自身のだらしなさから仲間からの裏切り、巨額の借金、国家による資産差し押さえなどを経験する中、図書館に引きこもり本を読み漁る時期を経験した。


そこで天からインスピレーションが降りてきたかのようにひらめいたのが、この規制空売りであった。

従来からある投資理論に心理学、脳科学、マーケティング、物理学、金融法、歴史学などのあらゆるノウハウが一本の線で繋がり、それを投資方法として検証を続けた。

そして誰がやっても同じような結果ができる再現性を確立するために「堀北式株価デトックス理論」が誕生。

現在では、毎月数千人の方が学びたいとメルマガ登録をされるようになり、毎月多くの方からレビューの動画が届くようになった。

このように著者は、組み合わせる発想法をベースに、人生の危機を脱し、大きな未来へと転換できた。今度は、救われた私が、この力を、必要な方たちに引き継ぐ番になったと考えている。

実践すればするほど、自分の新しい価値を発見できる

今、私たちには解決しなければいけない社会問題がたくさんある。

コロナ禍、デジタル変革、働き方改革、副業解禁、ジョブ型雇用、テレワーク、AI社会の到来…といった目まぐるしい変化の中で、これまで学校で教えられたことや、仕事で積み重ねてきた経験がほとんど役に立たない…。

こうした人生の複雑さに耐え、それでも果敢に生きていこうとする人たちが、規制空売りの技術を使い始めると、他人の痛みを深く理解し、自分の痛みとして捉え直すようになる。

そして、その痛みを解消するために、自分の内に「なにか提供できる価値はないか？」と探求することで、今まで言葉にできなかった自分の「才能」を言語化できるようになる。

すると、その言葉をきっかけに、自分の「才能」を必要とする顧客に出会えるようになる。

つまり、人を助けようという意図で、分析すればするほど、どんなに時代が変わっても、

自分の内に、新しい価値を発見し続けられるようになるのだ。

この規制空売りの技術は、短期的な成長をもたらすだけではなく、長期的な経済成長を未来永劫もたらす。

このように、今まで忘れ去られていた「人の心」を思い出すプロセスで、富の源は、自分の外側ではなく「内」にあることに気づく。

だから今、私たちが経験している日々が、どんなに理不尽に感じられても、それは私たちの心と経済を取り戻し、自分の意思で生きる力を切り開くための魔法のような時間なのである。

それでは、未来の富の源泉に触れる、規制空売りの世界へご案内しよう。

堀北晃生

目次

第2章 株式投資の魅力

第3章 なぜ空売りをさせたくないのか？

第4章 株式投資で絶対にやってはいけない7つの過ち

第5章 人間の心理と株価下落が連動している理由

第6章 増担保規制を理解する

第9章　規制空売りを実践して人生が変わった会員様の声

第1章

なぜお金を増やしたいのに何もしないのか？

1. 投資していない人は、一番無駄遣いをしている人

2. マネーリテラシーがなければカモにされる

3. 投資でお金を稼ぐ方法は一つではない

4.2045 年には平均寿命 100 歳 あなたの資産は？

5. 一生のスキル お金を稼ぐ力を磨こう

1 投資していない人は、一番無駄遣いをしている人

投資をしない理由はさまざまあります。「資金が減るのが嫌」「投資するだけの資金がない」「貯金が好きだから」。

確かに銀行に預けていた方が、ある種の安心感は得られます。年収が300万円だとして、コツコツ節約し貯められれば、1000万円も夢ではありませんね。そのように「節約術」や「一般OLが1000万円貯めるコツ」などといった雑誌やコラムを最近はよくみかけます。

節約している人の中には、老後が心配で仕方なくであったり、働けなくなってからでも最低限の生活ができるようにと思っていたり。各々の理由でお金を貯めるコツを身につけています。

しかし、ほとんどの人は、思うように貯まっていないと悩んでいるのではないでしょうか。お金の管理は考えていた以上に難しいことだと考えていませんか。本書では、その悩みを解決し、安心して暮らせる老後を、みんなと一緒に目指すためのノウハウをまとめました。焦らずゆっくりと「お金」に向き合いながら、学んでいただけたらと思います。

1－1　お金が管理できないと無駄遣い

まず、日本人正社員の平均年収をみてみましょう。30ページの表を見てください。

年々多少のバラつきがあり、企業や世帯構成などによっても異なりますが、日本人正社員の平均年収は約５００万円といわれています。この中から、貯金が順調にできて老後のための貯蓄は２０００万円。

この金額をどのように感じるかは人それぞれですが、「人生１００年時代」に突入した現在、年金＋２０００万円で生活ができるのでしょうか。安定的に貯金をし続けることが

一般的な日本人正社員
平均年収503万円
手取り額
393万円
Q. 過去1年間で、「手取り」から、いくら貯金をしましたか？
回答1 年間の手取りで10%くらいを貯金したのが66%
回答2 ボーナスや臨時収入の20%くらいを貯金したのが40.9%
貯金額
年間50万円
40年後
老後のための貯蓄
2000万円

参照元：【調査結果（単純集計データ）】「二人以上世帯」調査（2020年）【問3】より筆者作成
https://www.shiruporuto.jp/public/document/container/yoron/futari/2020/pdf/shukeif20.pdf

できれば、まだいいかもしれません。しかし、予想外の出来事で簡単に「自分の描いていた未来」が崩れてしまうこともあるのです。そのようなシミュレーションをしておくことが求められています。

　現実的な話をします。あなたは、自分自身の「収支収入」を把握できていますか。できていない人は要注意。なぜなら、把握できていない人は、生活費を賄うためだけに仕事をし、何となく貯金をし、買いたいものを買っていることと同じだからです。それは、時間が経っても状況は変わりません。

昨今は、２０１９年の新型コロナウイルス感染症の猛威により、「毎月の生活費が赤字」という状況に陥っている人が多くいます。ボーナスは貯金に、赤字への補填に充てなければならないのが現実なのです。

つまり、お金の管理が普段よりも難しくなってしまった現在、「赤字＝無駄遣い」をしていることに気づいていただきたいと考えています。

現在の生活を維持しながら、収入や貯金を増やすにはどうしたらいいのでしょうか。「こんな世の中だから仕方がない」のではなく、何かしらの収入を得る対策を考え、始めることが必要だということです。

2 マネーリテラシーがなければカモにされる

「コツコツと貯金しながら今後も生活していきたい」と考えている人も多くいます。稼ぎがあればそれでも問題はありません。ただし、普通の人が老後といわれる年齢までに多くのお金を貯めることは非常に厳しい状況です。

これは、日本だからという理由もあります。高齢化社会が進むにつれて、医療費などの負担も増える可能性があるのです。生活費を稼ぐために働くのは非常にハードですよね。老

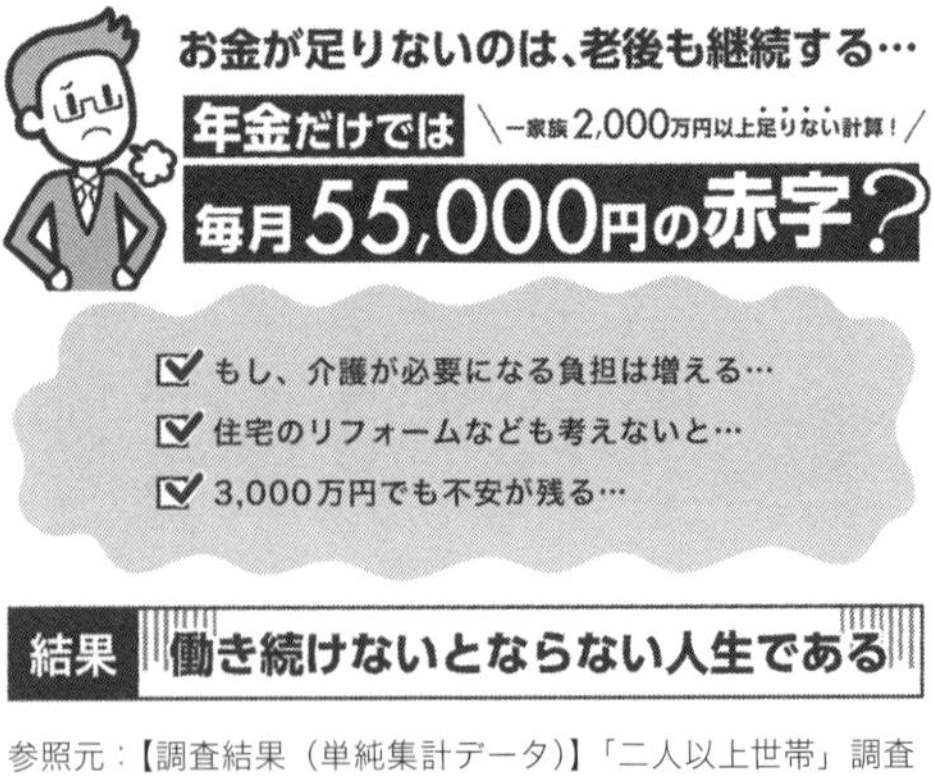

お金が足りないのは、老後も継続する…
年金だけでは
一家族2,000万円以上足りない計算！
毎月55,000円の赤字？
もし、介護が必要になる負担は増える…
住宅のリフォームなども考えないと…
3,000万円でも不安が残る…

働き続けないとならない人生である

参照元：【調査結果（単純集計データ）】「二人以上世帯」調査（2020年）【問3】より筆者作成
https://www.shiruporuto.jp/public/document/container/yoron/futari/2020/pdf/shukeif20.pdf

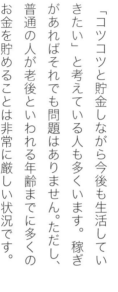

後は楽しい時間を過ごしたいと思います。だからこそ、マネーリテラシーが必要だと考えています。

マネーリテラシーとは、「お金の知識をもち、それをうまく活用する能力」のこと。なるべく早い段階から、マネーリテラシーを自分自身に浸透させることが重要なのです。

2-1 金融業界のプロはあなたから手数料をもぎとって大儲け

マネーリテラシーのノウハウはどうやって身につければいいのでしょうか。本屋をのぞくと、それらの雑誌や専門誌がたくさん揃っています。また、インターネットで検索すればさまざまな情報をみることができます。ただし、こうした状況によって「何を信用していいのかわからない」「情報量が多すぎて何をしていいのか悩んでしまう」こともよくあります。

また、証券会社や金融機関の専門家に聞けば安心だと思っていませんか。確かに、知識は豊富ですし、自分で勉強するよりも正しい情報を教えてくれます。しかし、金融機関の営業担当者は、あくまで仕事上で金融商品を販売していることを忘れてはなりません。
さまざまな証券会社、銀行はキャンペーンなどを利用し、どうにか商品を売ろうと必死なのです。誤解しないでいただきたいのは、たとえば証券マンが無理に商品を売りつけていると批判しているわけではありません。それが仕事ですから、仕方がないということです。ただし、「営業担当者は100％あなたの立場に立って、お話をすることはない」ことは理解しておきましょう。

例として、証券会社の仕組みをみてみます。

証券会社は、株式などの金融商品に関する取引の窓口としての役割を担っています。株式取引は以下のように行われます。

1　事業の発展のため、資金が欲しい企業は上場し株式を発行する
2　投資家が、企業の成長を見据えて株式を購入

証券取引を仲介することによる手数料が証券会社の収益となる

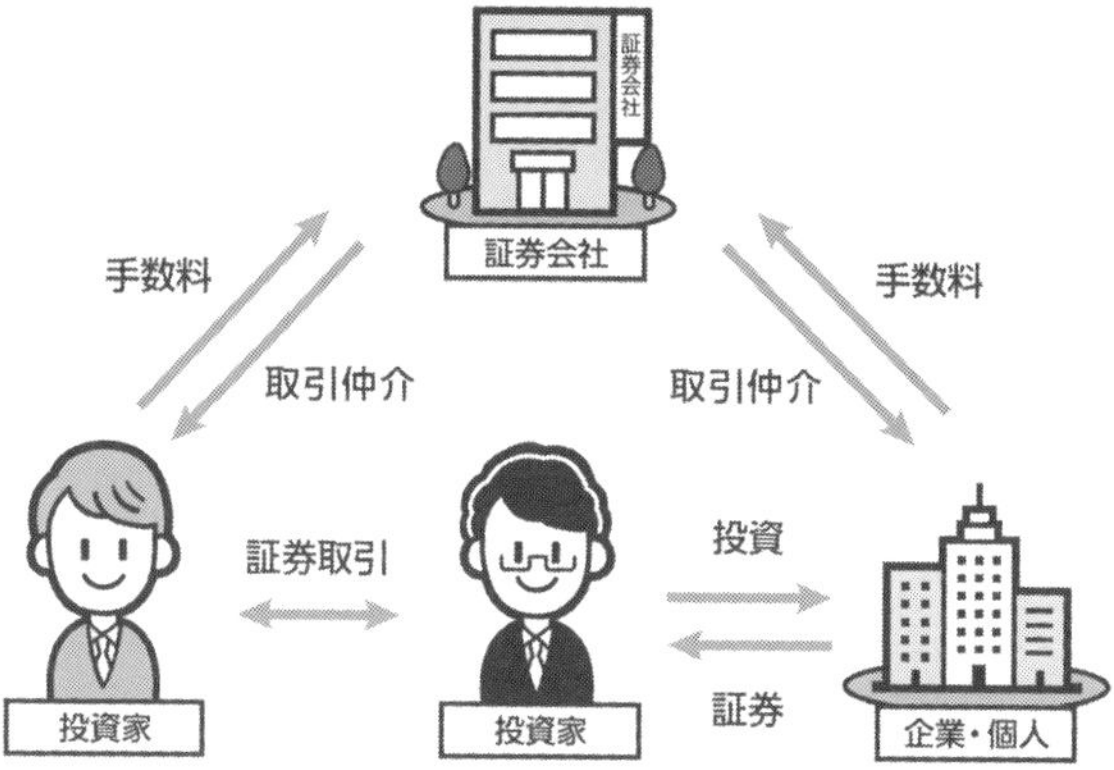

引用画像：en-courage『証券会社とは？仕事内容とビジネスモデルをわかりやすく説明』より
https://en-courage.com/articles/2059

この取引の仲介を行っているのが、株式会社です。このように、証券会社や銀行などの金融機関は、あなたのような個人投資家や企業に販売することで、当然、販売手数料を得ています。そして、会社にもよりますが、営業担当者にもインセンティブとして報酬が支払われているのです。ここで重要なことは、あなたにとっての必要な金融商品は何か、そして、それがどのように運用・管理されているのかを把握することから始めましょう。

投資で利益を出したいと考えるの

なら、知識をつけ自分に合った商品選び、そして運用方法を見つけることが重要です。

投資のことを知るためには、証券会社に出向いてプロに聞くのが一番早いと考えている人も多くいます。確かに手っ取り早く、分かりやすいでしょう。ただし、そこには人件費や手数料も発生しており、余計なお金が発生しているのです。そして、特に「空売り」に興味がある人が、証券会社に行ったとしても営業マンは必ず反対します。さらに、「どうしても空売りをしたい」と伝えても断られて完了です。ですので、「空売り」をしたいのであれば、ネット証券を選ぶことが重要ですので、覚えておいてください。ネット証券については、第2章で解説します。

2-2 クレジットカードの金融商品から金利について学ぶ

ここで、クレジットカードの金融商品について少し話したいと思います。「クレジットカードは株式にどう関係あるの？」と思う人もいるかもしれません。株式は、金利の動きにも関係があり、クレジットカードの金融商品における金利は把握するのにわかりやすいからです。

あなたは、クレジットカードの金融商品であるリボルビング、キャッシング、カードローンを利用したことはありますか。「今ならリボキャンペーン実施中」というようなメールあるいはＤＭをみたことがある人も多いかもしれません。人間の心理は弱いもので、お得な期間はチャンスなんだと勘違いしてしまうのです。

リボルビングを例として紹介しましょう。

30万円のバッグを一括ではなくリボ払いで購入したとします。リボ払いには毎月手数料という名の金利が発生します。カード会社やカード種類、年収などによって多少異なりますが、年利15％前後が平均的といわれています。「年利15％」といっても「？？？」ですよね。

30万円の商品を購入し、毎月1万円払いに設定している場合、支払う金利の合計は約5万8０００円になります。

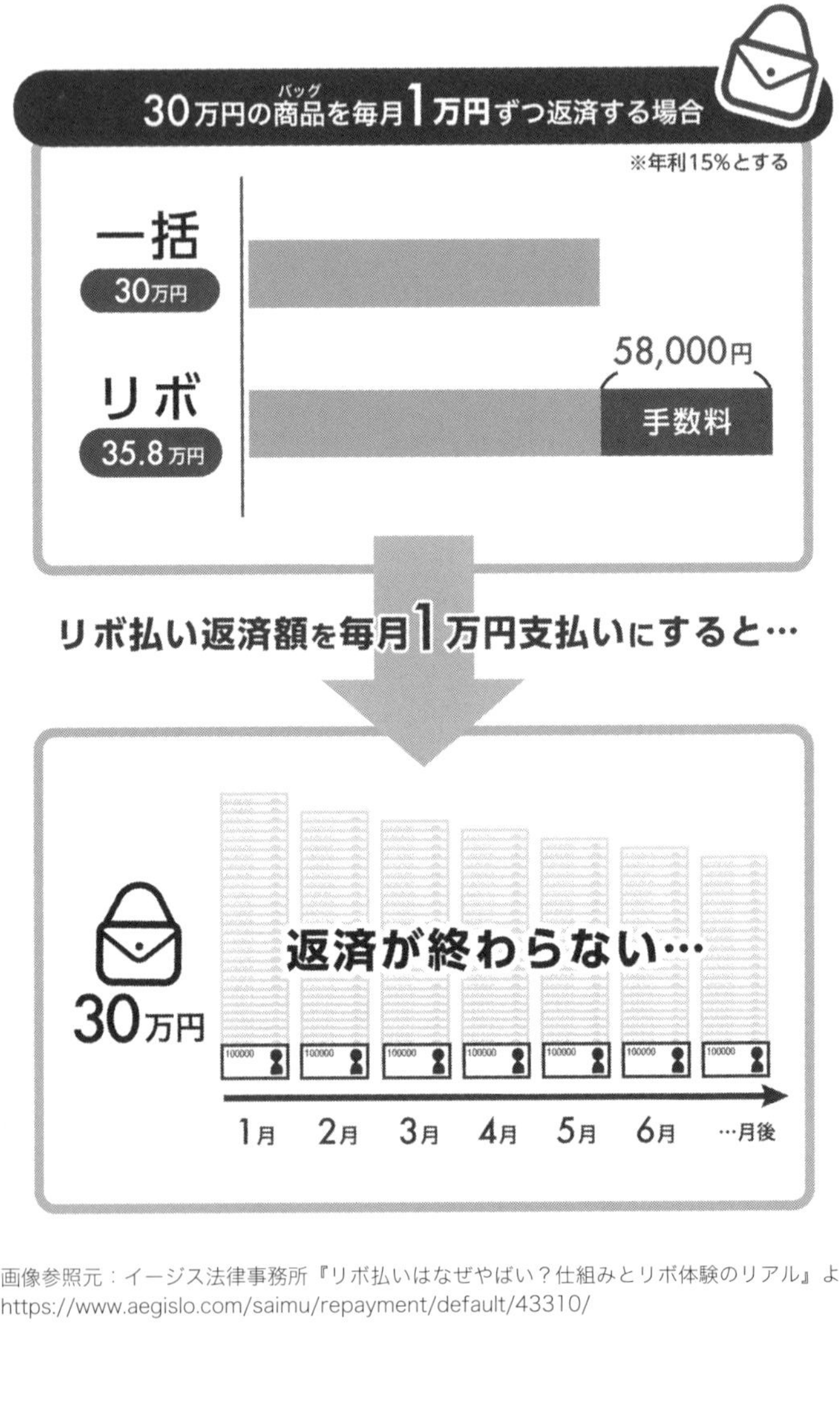

画像参照元：イージス法律事務所『リボ払いはなぜやばい？仕組みとリボ体験のリアル』より
https://www.aegislo.com/saimu/repayment/default/43310/

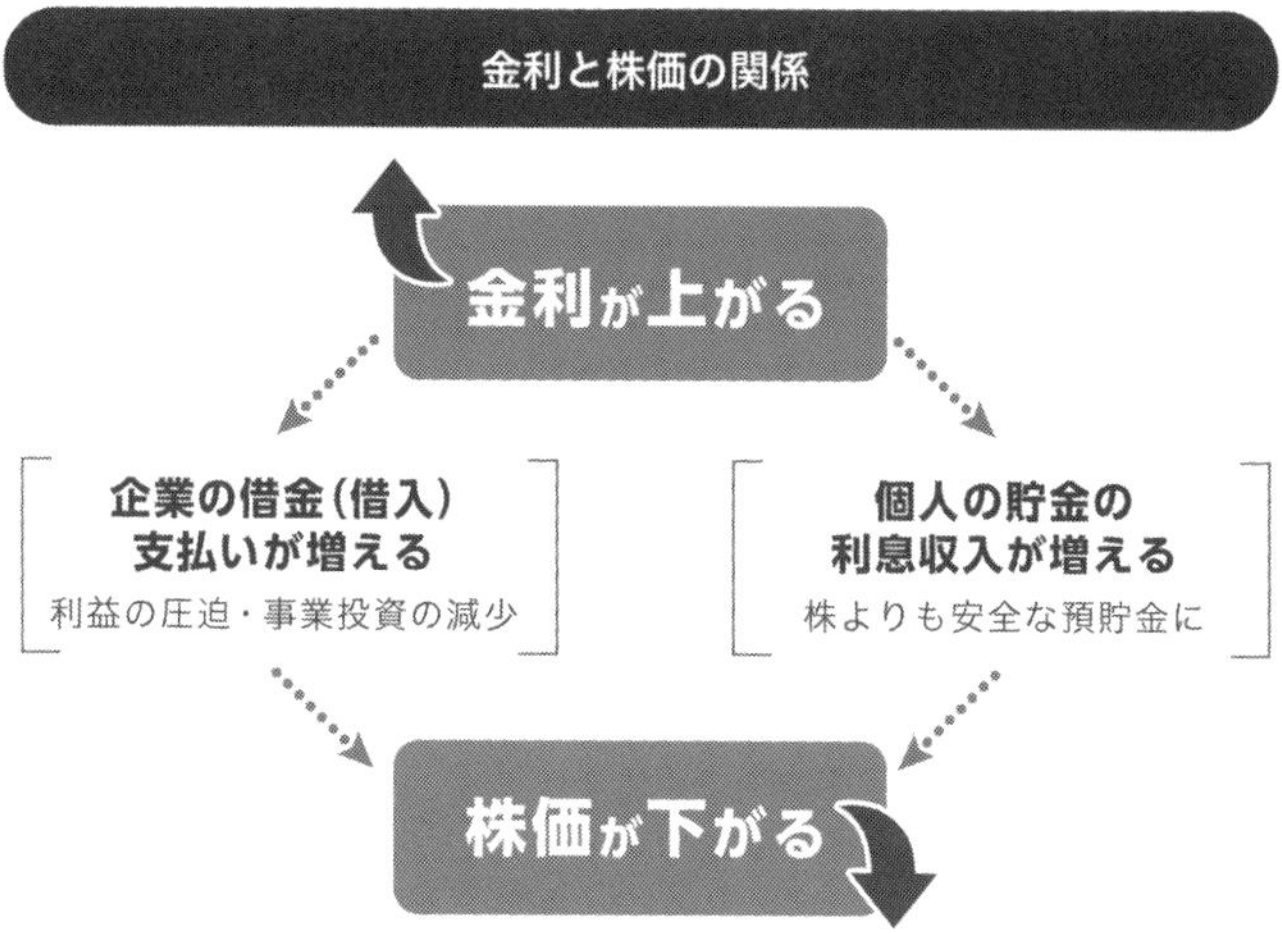

支払額が毎月一定であることがリボ払いの特徴です。30万円利用しても毎月1万円に設定することで、月々の支払いは1万円。しかし、そこには高い金利が発生しています。高額なものを購入するほど、月々の返済額のほとんどが金利の支払いに充てられているのです。返済が長引けば金利も大きくなり、「残高がいつまでも減らない」という状況、つまり、「リボ地獄」へと陥ってしまいます。

この金利は、投資家にも大きな影響を与えています。

●**企業側**

金利が上がると借金に対する利息が増加し、企業の利益は減少します。さらには、新しい資金調達は難しくなるため事業縮小につながることがあります。よって、一般的には株価は下がります。

●**投資家**

金利が高くなると、株式よりもリスクの少ない預貯金へのシフトチェンジを考えるでしょう。株式を売りその資金を貯金します。よって、株価は下がります。

ここで重要なことは、「金利が上がる」という情報が入ったら、「株価が下がる可能性がある」と判断できるようにすることです。

現在、銀行への預貯金における金利は低いですよね。この状況だからこそ、「投資」に注目が集まっているといえます。これ以上下げられない金利ですが、万が一、さらに金利が下がれば「株価が上がる」ことが考えられます。あくまでも可能性だとしても、「金利と株式」の関係性を覚えておくことで、投資をするうえでのよい判断材料となることは明

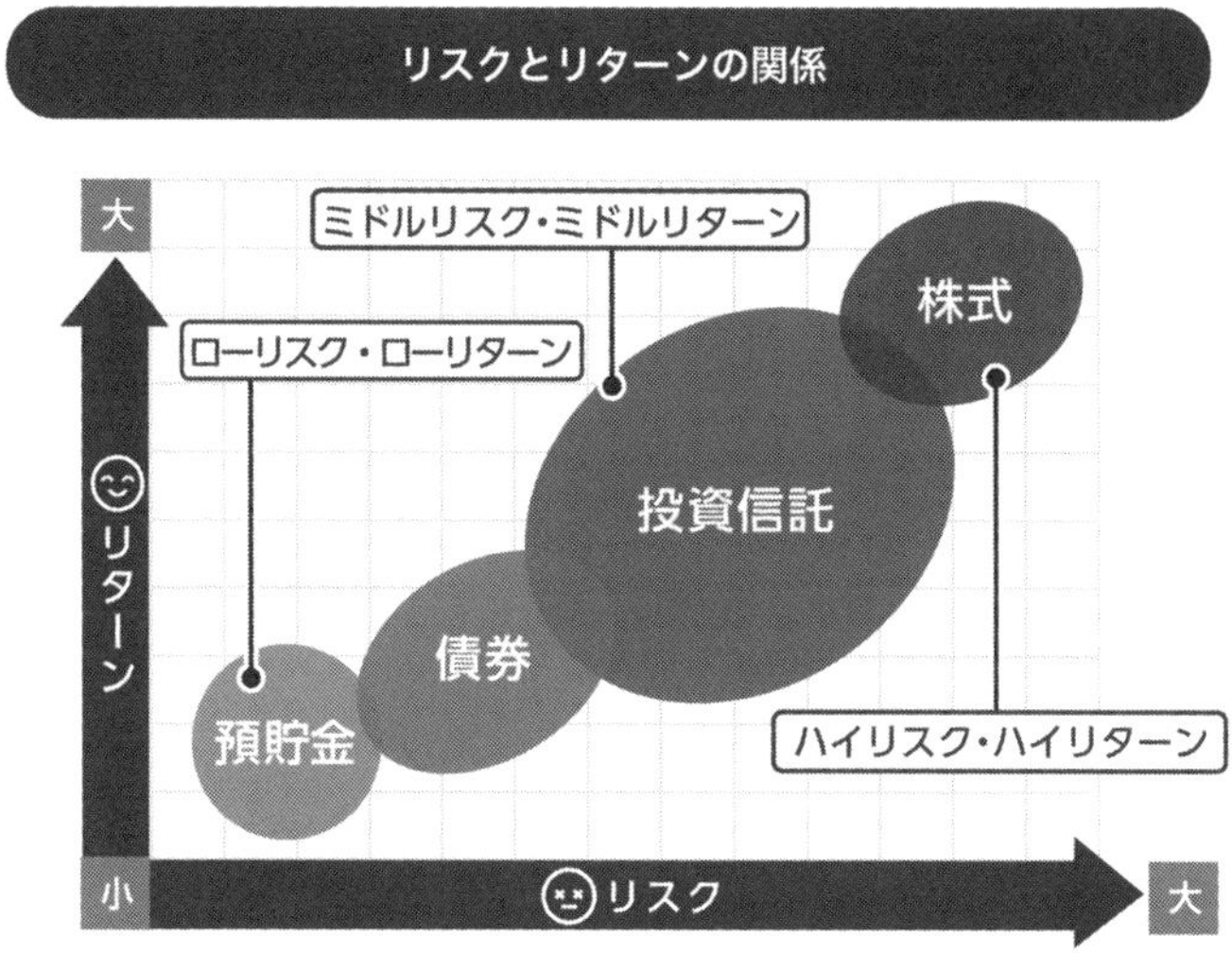

画像参照元：東海東京のiDeCo『投資におけるリスクとリターンの関係』より
https://moneque.tokaitokyo.co.jp/service/ideco/03/risk-return/

らかです。

また、金融商品のリターンは「年利」で表現することが基本です。株式は、リスクが大きい反面、キャピタルゲインが期待できる「ハイリターン」型商品ですよね。つまり、リスクの大きい運用のため大きな損失を発生させてしまう可能性もあるということです。金融商品のリターンの場合、「年利〇%」といわれるのはご存知でしょうか。

たとえば、あなたに投資話が舞い込んだとします。海外の有力企業の商品で元本も保証されており、何といってもリターンが20％ということです。毎月20％とは、１００万円の投資を5ヵ月で元が取れる計算となります。

しかし、一時的にリターンが大きくなることは珍しいことではありませんが、毎月コンスタントに大きなリターンが続くことはありません。ここで注意することは「年利」。毎月20％は「月利」であり、それを12ヵ月にすると２４０％にもなります。小さな数字を目の前に提示されるだけで、この商品は保障されているとつい思ってしまうのです。

リスクとリターンの関係性は裏表にあり、リターンが大きければリスクも大きくなり、逆にリスクが小さければリターンも小さくなります。目標は人それぞれですが、この「ローリスク・ローリターン」「ハイリスク・ハイリターン」の関係を理解して、自分に合った投資対象を選ぶことが求められます。

3 投資でお金を稼ぐ方法は一つではない

投資でお金を稼ぐ方法はいくつかあります。そして、ネットで稼げるため、非常に簡単です。大切な資金を効率よく運用するために、何を選択すべきか悩むこともあるはず。そこで、初心者の個人投資家であれば、株式や不動産がおすすめですが、参考のために他の方法も解説していきます。欲張って、あれもこれもと手を出すことはしない方がいいでしょう。代表的な投資商品を見極めて、あなたに合った方法を選択してください。

3-1 株・為替・不動産など

本書では、初心者でも安心して運用できる3つの方法を紹介していきます。

■株式投資

まずは「株」です。株の正式名称は「株式」といい、会社が資金を投資家から集めた際に、お金を出してくれた方々に発行する証明書のことです。会社がお金を集める方法は2つです。

●直接金融

お金を「借りたい方」「貸したい方」の間に第三者が存在しない取引であり、会社が株式を発行して投資家から資金を直接調達する取引などを指します。

●間接金融

お金を「借りる方」「貸す方」の間に第三者が存在する取引で、会社が銀行融資で資金調達をする取引等を指します。このとき、投資者は銀行の預金者となり、金融機関がリスクを負担します。

「株式投資」とは、企業が資金を調達する手段であり、一般投資家から投資を受けるため

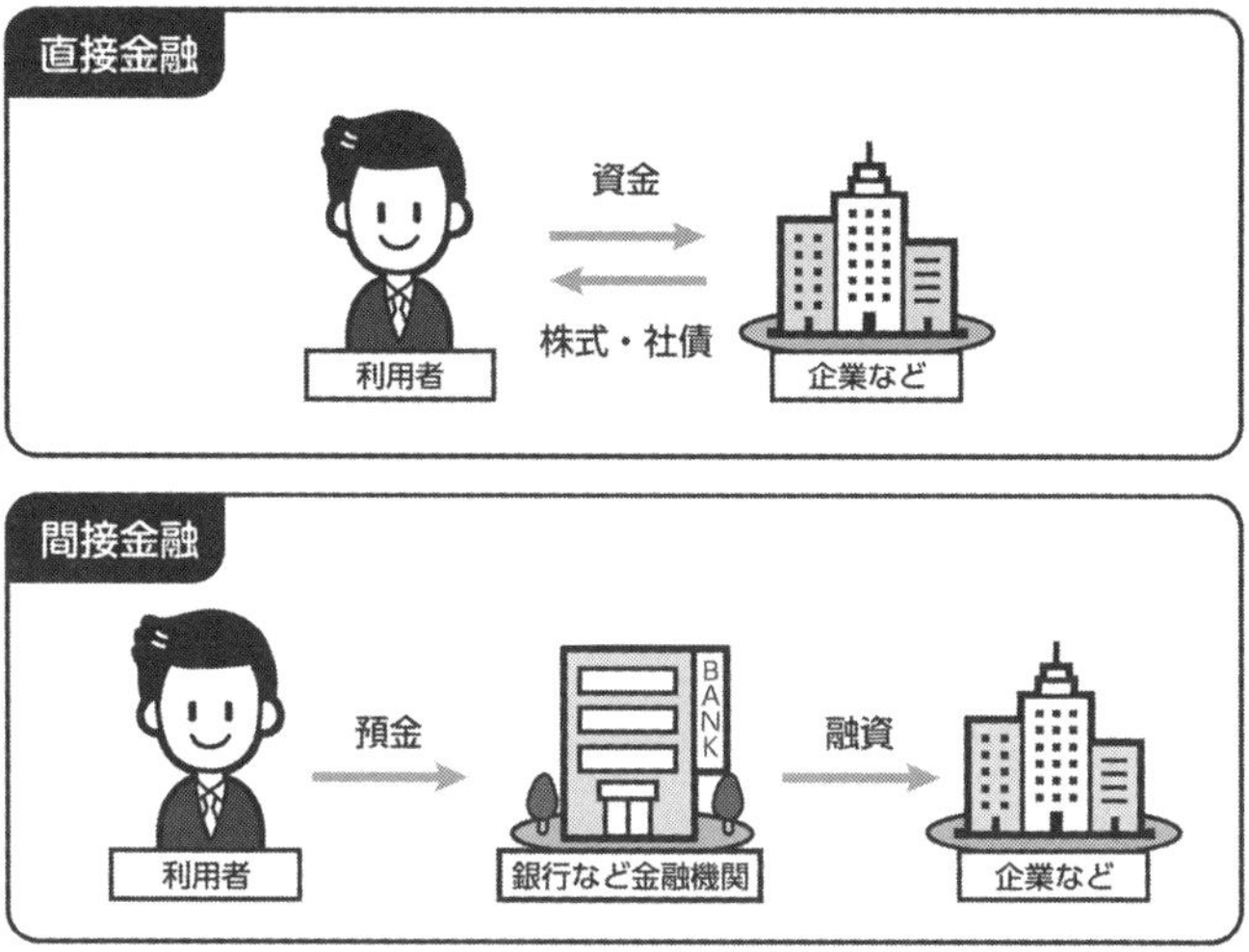

画像参照元：『一般社団法人全国銀行協会』https://www.zenginkyo.or.jp/article/tag-g/5231/

には一部上場が必須条件となります。また、証券会社を通じて株を購入することで、株を保有することができ、株主としての損得の機会があります。そして、株式投資で得られる利益は主に2つ。

●株式の売却益（キャピタルゲイン）：保有していた株式を売却した際に得られる利益

●配当・株主優待（インカムゲイン）：株主が継続して受けることができる利益

このように、株式投資はもっともスタンダードな方法といえます。

■為替

「為替」とは、現金を使用せずに取引を行うことをいいます。為替取引には「国内為替」と「外国為替」があり、主に行なわれる種類は次の通りです。

●国内為替
・手形・小切手などで決済するもの
・クレジットカードの支払
・銀行振込

●外国為替
・海外の商品を購入する
・日本の製品を輸出

海外の取引の場合は、どの通貨で決済するのかを決めます。たとえば、アメリカだと「米ドル」。そのためには、日本円を米ドルに交換する必要があり、これらの「通貨の交換」

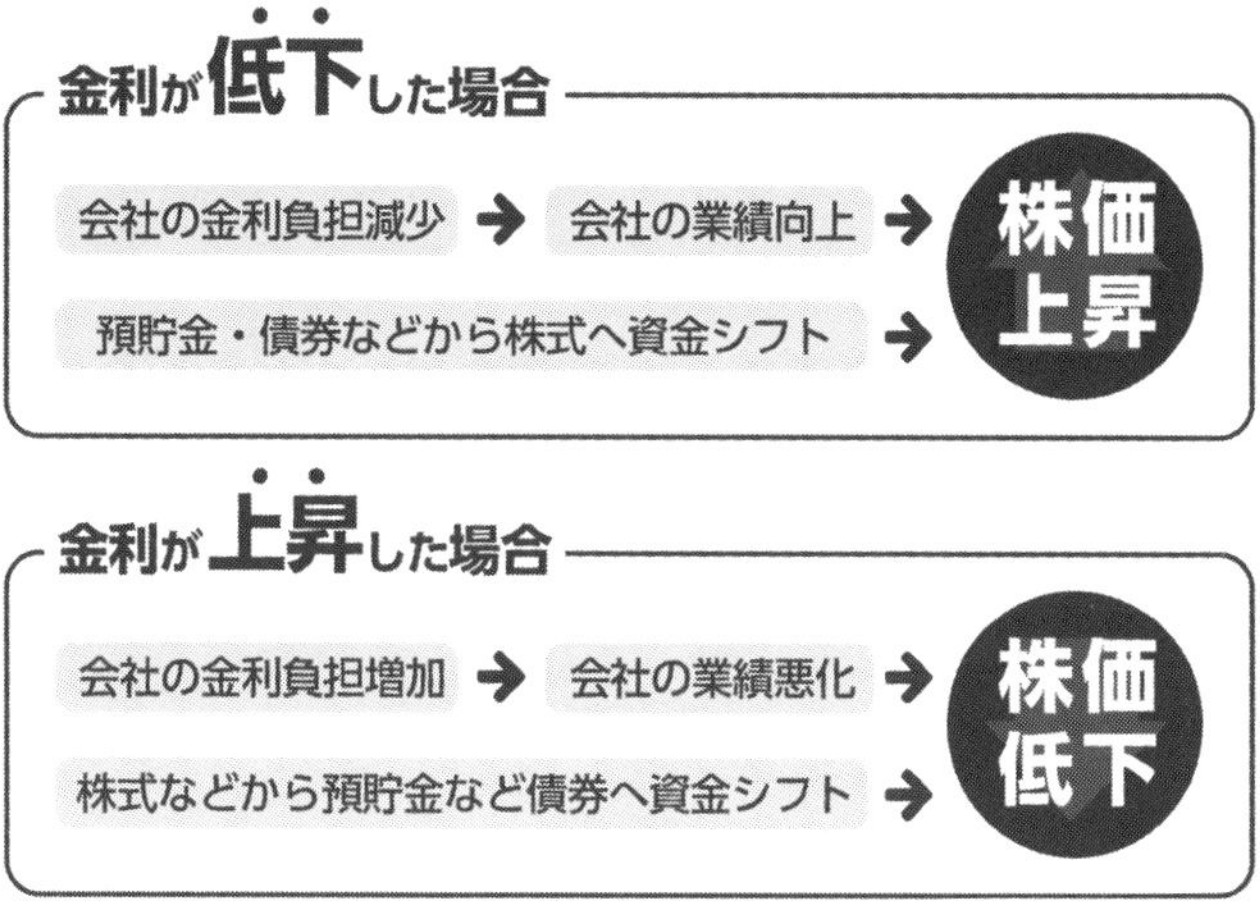

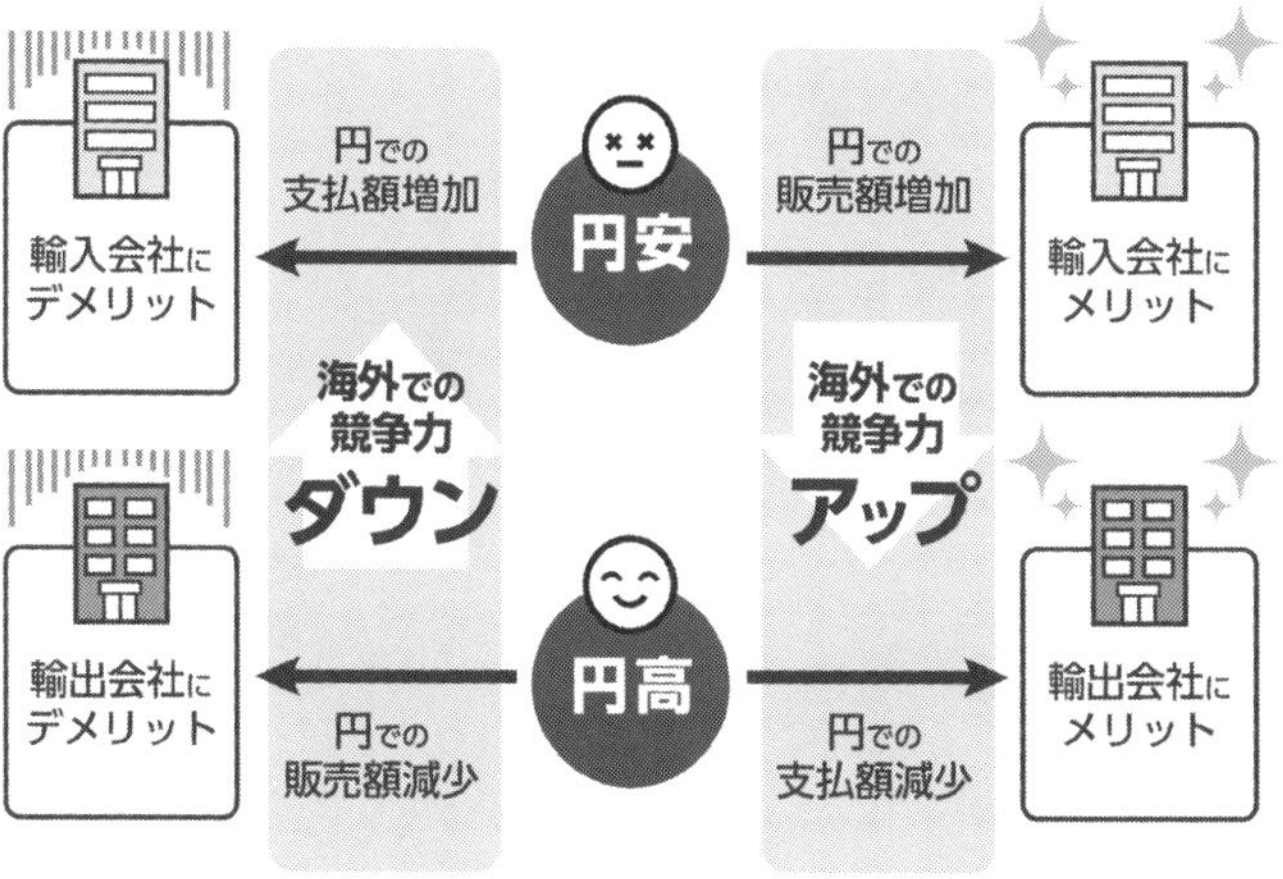

画像参照元：『投資の時間』https://www.jsda.or.jp/jikan/qa/029.html

がともなう取引が「外国為替」の特徴といえます。通貨の交換には、交換比率が付くのですが、これを「為替レート」といい、為替レートは需要と供給で決まります。

「為替と金利」にも関係性があり、「為替と株価」にも関係があります。

「為替」と聞いて「FX」をしている人にしか関係ないと思っている人もいるかもしれませんが、急速な為替の変動は、一般の株式投資のみならず経済に及ぼす影響が大きいといわれます。個人投資家が買うような株式にも影響し、各国政府が市場に介入する可能性があるのです。一般的には、国の経済力が上がると通貨は買われて高くなり、経済力が下がれば安くなります。円は世界通貨の中でも安全と思われているようですので、世界情勢が不安定なときには、円が買われると覚えておきましょう。

■不動産

不動産投資とは、不動産を購入し、それを貸すことで家賃収入を得ることが主な目的です。この方法は、老後の年金対策として注目され、若い世代でも始める人が増えています。

不動産投資は、「ミドルリスク・ミドルリターン」といわれていますが、それは、賃料

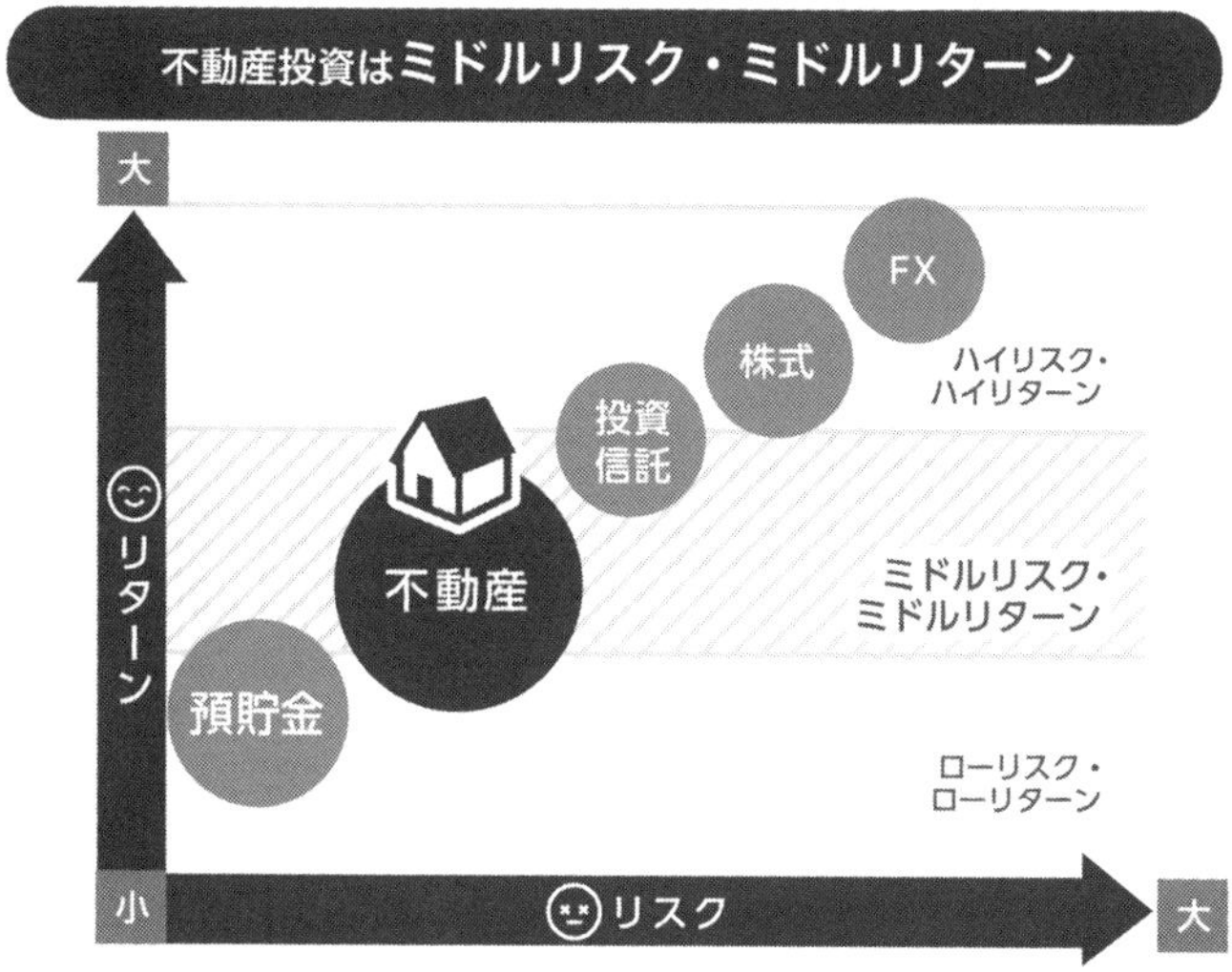

画像参照元：RENOSY マガジン　https://www.renosy.com/magazine/entries/52

収入が比較的毎月安定して得られることが大きな理由です。リスクが低い投資方法として人気が高まっていると考えられます。

この他には、仮想通貨や債券などの投資方法もあります。

4　2045年には平均寿命100歳あなたの資産は？

「老後破産」が急増しているといわれる現在。あなたの資金は大丈夫ですか。

老後破産とは、定年後の年金生活で破産状態になり、生活が困窮してしまう状況のことをいいます。日本は、2014年時点で約200万人の老人が老後破産の状態で、現在も増え続けています。深刻な社会問題として考えなければなりません。

4-1　NHKスペシャルでは長寿を特集

NHKスペシャルで「長寿」の特集が放送されました。

現在日本人における平均寿命を知っていますか。厚生労働省の令和2年簡易生命表によると、男性81・64歳、女性87・74歳となり、前年よりも上回っています。24年後の2045年には100歳になるといわれています。

寿命が延びることは素晴らしいことです。医療技術の進歩や医薬品・医療機器の開発など、医学技術の向上は著しく、要因の一つと考えられるでしょう。また、日本においては先進諸国の中で脂肪摂取量が非常に少ないなど伝統的な食文化にも関係していますし、昨今は、健康意識が高くなったことも理由にあげられます。

では、今後長寿国として走り続けるとどのような変化が起こり得るでしょうか。

社会的な影響としてすでに懸念されているのが、「終身雇用崩壊」です。たとえ有名な大手企業であっても給与・ボーナスが払えない状況に陥る可能性があるのです。また、昭和36年に開始された年金制度。現在は当たり前のように支給されていますが、寿命が延びることで全員に確実な受給がされるのかという疑問もあります。

よって、60歳を過ぎた後の収入を得る方法を今から考えておかなければならないのです。

4-2 未来のお金を自分でデザインしなければいけない

「年金に頼ることはリスクがある」「年金受給額が生活に見合った金額ということが保障されない」状況に今気づいている人は、これからでも間に合います。気付いていない人は、なるべく早く把握することが必要です。すぐに、収入を国に依存するマインドをチェンジすべきであると感じ取りましょう。

そこで、どうしたら国に頼ることなく収入を得られるのか。それは簡単です。働くこと以外の収入をデザインすることです。例えば……。

- ●株式投資
- ●印税
- ●空売り
- ●配当

●インデックスファンド
●不動産

などがあります。

4-3 NISAをおすすめしているのは国もう面倒が見れないというメッセージ

NISA(ニーサ)とは、2014年に始まった「少額投資非課税制度」のことで、一定の条件を満たせば、投資で得た利益に対して税金がかからないというものです。これを利用するには、NISA用口座の開設が必要です。

なぜ、このような制度が始まったと思いますか。

たとえば、購入した株式が100万円。5年後に200万円で売却できたとします。利益は100万円ですが、通常であれば約20万円の税金が発生します。しかし、NISA口座であれば税金ゼロということになるのです。

この制度のおかげで、「投資」に抵抗のあった人たちにおける悪いイメージは払拭されました。老後の資産形成という目的として人生には必要な制度と考え始めたといえます。

非課税期間は5年で上限枠は120万円に設定されています。当初、金融庁は非課税期間を10年を前提に法案を準備していましたが、野党などからの反対により短縮されたのです。そこで、「つみたてNISA」という制度が後からでき、現在は40歳以下の若者世代を中心に新規契約する人が増えています。

一見、国民のことを考えてつくられた制度だと思いがちですが、実は、「国は、あなたたちの面倒を見切れない」というメッセージが込められていると考えます。これからの日本経済や社会において、国民全員が豊かに暮らせる保障はありません。積み立て投資は、国民が生き残るために必要な備えを、自分自身でつくっていることになります。よって、国が「NISA」を強く進めている理由は、このような未来像が隠されているのではないでしょうか。

また、2024年からNISA制度が大幅に変更される予定です。NISAの種類ごと

NISA・ジュニアNISA口座の利用状況調査（2021年3月末時点）

調査対象：①一般 NISA 取扱全金融機関　：695 法人
②つみたて NISA 取扱全金融機関：581 法人　③ジュニア NISA 取扱全金融機関：318 法人

◆NISA（一般・つみたて）・ジュニアNISA口座数

	買付額
NISA（一般・つみたて）	1,586 万 132 口座
一般 NISA	1,224 万 5,057 口座
つみたて NISA	361 万 5,075 口座
ジュニア NISA	50 万 2,472 口座

※一般 NISAの口座数は、基準日時点で、金融機関に対してマイナンバーの告知がされておらず、2021年の投資利用枠が設定されていない口座数を含む。

◆NISA（一般・つみたて）・ジュニアNISA口座における買付額

	買付額
NISA（一般・つみたて）	23 兆 785 億 2,389 万円
一般 NISA	22 兆 1,773 億 1,430 万円
つみたて NISA	9,012 億 959 万円
ジュニア NISA	2,955 億 8,463 万円

画像参照元：「NISA・ジュニア NISA 口座の利用状況調査」（2021 年 3 月末時点）
https://www.fsa.go.jp/policy/nisa/20210716/01.pdf

に非課税の期間も定められており、今後変更される内容にも注目しておきましょう。

ちなみに、金融庁によるNISA口座の口座数と買付額が発表されています。

老後において、国が面倒みてくれる時代は終わっていると思いますよね。わたしたちには、個人が投資する環境が整えられています。その制度やシステム、方法を活用しチャンスを逃さないようにすることが大切だと感じます。

5 一生のスキル お金を稼ぐ力を磨こう

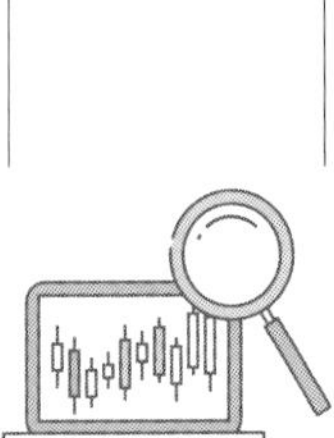

ここまで解説したように「資本収入」をつくるには、数千万円のお金が必要です。配当のいい株式や不動産投資などによって、まとまったお金を得られる確率が高まります。しかし、お金についての知識がなければ難しいでしょう。お金の稼ぎ方を知ることは、一生のスキルになるのです。投資の知識や経験を得るためには、できるだけ早く始めることも重要です。お金の仕組みや稼ぐことに必要なメンタルを通して、稼げるコツを教えます。

5-1 お金のしくみを知って行動すること

お金を稼ぐために必要なことは何だと思いますか。さまざまなことが考えられますが、一言でいうと、お金のしくみを知り、きちんと管理ができることではないでしょうか。

たとえば、あなたはあなた自身の収入の中から、生活費をどれくらい使っているのか把握していますか。もし、把握できていないのであればお金に関して考えてみてください。

また、管理をするようになると「収入・支出」の仕組みや「貯金額はどれくらいになったかな」など楽しくなります。

投資をするうえでお金の管理は必須ですので、お金の管理ができないまま投資を始めることは非常に危険です。

まずは、家族構成や性別に関係なく「お金管理」の基礎的なことを考えていきます。そもそもお金には「収入」「支出」「増やす」の３つしかありません。

- 「収入」はいくらなのか。
- 「支出」はいくらなのか。
- いくら貯めて「増やしていく」のか。

多くの人は、収入のうち「使わなかった分を貯める」傾向が強いのですが、それは不可能に近いでしょう。なぜなら、人間はお金はあるだけ使ってしまうという心理が大きいからといえます。貯めるお金は「先に別に分けておく」ことを実施しましょう。それをきちんと決めて、生活費はそこから残ったお金でやりくりをします。そして、重要なのは、収入と支出を定期的に見つめ直すこと。管理ができて貯蓄がうまくいっていても、それに無理がないか、偏りがないかを確認する必要があるのです。時々で十分ですので、目標通りにお金管理ができているのかを見ていきましょう。

続いて、管理するお金について解説します。わたしたちが管理するお金には、主に2つあることはわかりますよね。

●今必要(使う)なお金
●将来使うお金

今使うのは、日々の生活には欠かせないお金です。生活費は支出であり、言うまでもなく管理は必須です。また、将来使うお金は、貯蓄(貯金)のことです。子どもの養育費、老後資金などさまざまありますが、今後のために使うお金です。

生活費は、大概が日々や月単位で管理しますが、貯蓄は長期的に考えることが重要で、10年、20年単位で管理しなければなりません。このようにお金を2種類にわけることで、管理しやすくなります。

そして、ゴールを決めることも、お金の管理においての必須事項といえます。そもそも、何のためにお金を管理しなくてはならないのか、その目標を明確にしておきましょう。いつまでにいくら貯めたい……。何のために、誰のために貯めたい……。このように、明確に決めることでモチベーションを上げ、お金を上手に動かすことができるようになるのです。

5-2 稼ぐことのメンタルを高めて罪悪感をなくす

たとえば、あなたが買いたいと思う銘柄があるとしましょう。その銘柄について「今後上がるのか」投資のプロにアドバイスをもらったとします。「その銘柄は上がる」と答えてもらったとしたら、「確実に上がる」とあなたは確信しますよね。
しかし、日本全体の株価が下がり始め、結果として最大の損失を出してしまいました。

プロの投資家は、一般の個人投資家と比べてレベルの高い相場などを分析しています。常に新しい方法を試し、その結果に基づいて考えているのです。ここで伝えておきたいことは、過去のデータに対して今後も利益が上がるのかということ。競馬や競艇などでは、過去のデータを基に予想し、的中することはありますよね。しかし、投資では過去に利益を得たからといって、現在、未来に利益が上がるのかはわかりません。つまり、過去のデータから勝ち続ける投資法は存在しないのです。
投資をすることは、すべての人において勝ったり負けたりすることの繰り返しといえるでしょう。誰しもが損を経験するものであり、稼ぐためにはメンタルのコントロールをすることも必要です。

当たり前のことですが、勝つ投資家もいれば負ける投資家もいます。「勝ちたい」と思い過ぎるとミスが頻繁に起こることもありますよね。そのような欲望によって焦っているときには、「勝つ」ことよりも「負けない」ことを考えてください。負けないという選択肢をとることでメンタルのコントロールをします。人間の心理と株価の下落は、実は大きく関わっています。詳しくは第６章で説明していきたいと思います。

5-3　一度覚えれば一生使えるスキルばかり

「株式投資」という言葉を聞くだけで、不安を覚える人も多いでしょう。そんな拒否反応をしてしまう人もいる中、わずかな隙間時間を利用したり、会社員という本業と両立したりしながら利益を出している人は実はたくさんいます。

その人たちは、なぜ稼ぐことができているのでしょうか。

それは、勝つための再現性の高い方法を見つけて、それを続けているからなのです。

相場にはサイクルがあり、景気についても好況と不況が繰り返されています。一般的には、不況になるとモノやサービスは売れなくなり企業の業績は悪化します。そうすると、

金融相場と業界相場のサイクル

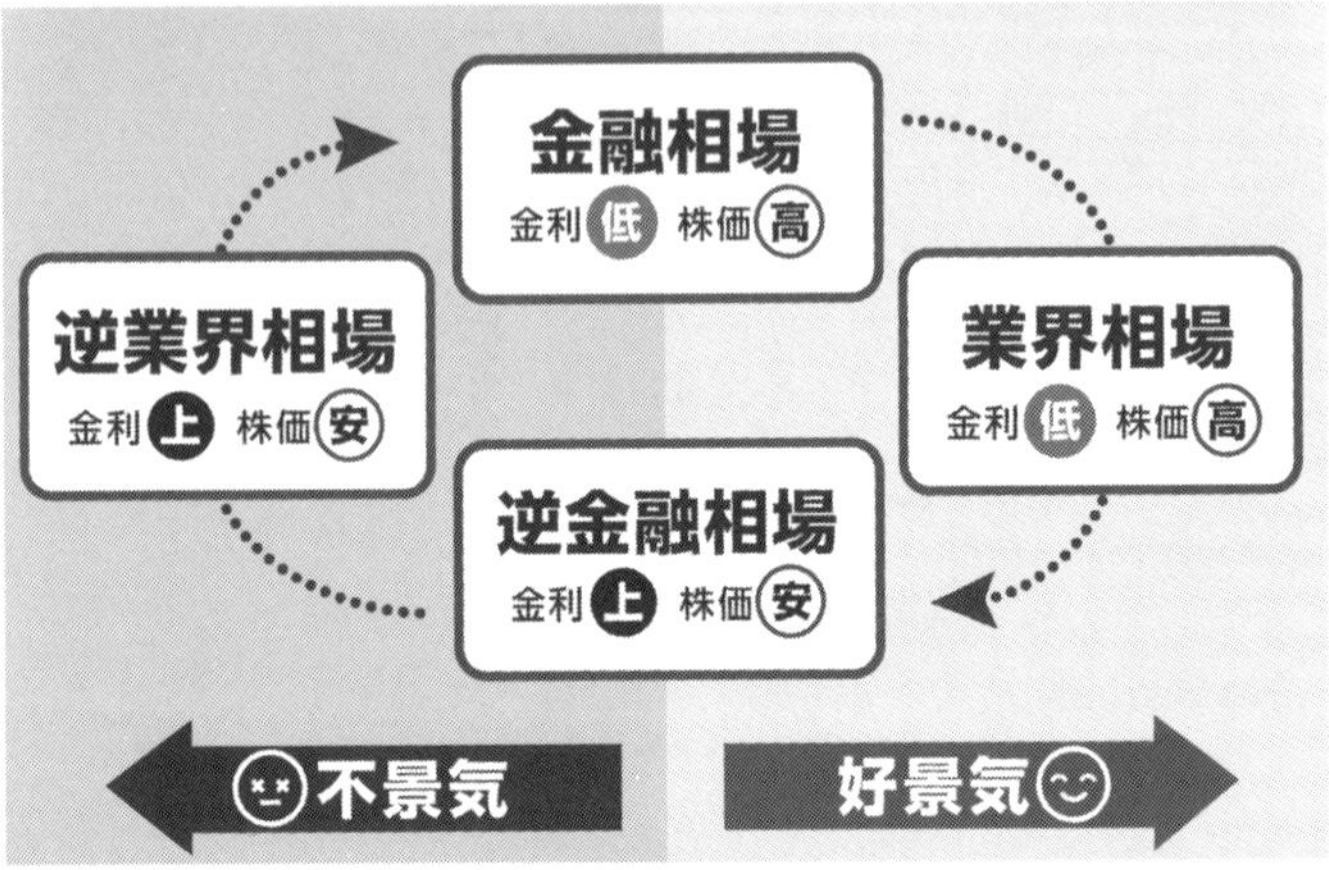

画像参照元：ACTION「金融相場と業績相場のサイクルを知ることで株式投資をより有利に」
https://money-stock.net/us-stockinvestment/marketcycle/

失業率が上昇し、この状況を打破するために日本銀行が行う金融政策があります。それが、金利緩和です。金利の引き下げが行われることで、企業や個人が銀行からお金を借りやすくなります。そして、売上が向上し給料も増え、結果、経済が動いていきます。

逆に好況になると、過熱する景気を抑えるために日本銀行は金利を上げていきます。これを、金融引き締めといいます。この状況になると、市場全体が下落し投資家の資金が預金などに流れていくのです。

世の中は、この繰り返しであること。つまり、サイクルがあることを覚えておきましょう。このサイクルがわかることで、一生使えるスキルとなることは明確です。

第2章

株式投資の魅力

1. 株式投資は怖いのではなく「知らない」が問題
2. 景気と連動して資産が増える
3. 日本で資産家が増えている理由
4. 日本で１億円以上の所得申告をしている人は
   何をしているのか？
5. 世界の大富豪
6. 投資家が最も税制優遇されている社会の仕組み

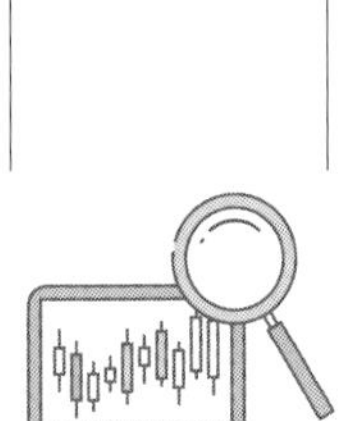

1 株式投資は怖いのではなく「知らない」が問題

株式投資は怖いと思っていませんか？　確かに何も知らなければ「投資」と聞いただけで、「騙されるのではないか」「本当に儲かるのか」と思いますよね。しかし、それは「怖い」のではなくて「知らない」ということが原因です。

きちんと株式投資を学べれば怖くはありません。むしろ、魅力的な稼ぎ方として捉えていきましょう。第2章では、株式投資の魅力を中心にまとめています。投資を始めたいけどなかなか踏み出せない人は、ぜひ、魅力を知って恐怖を払拭していただけたらと考えています。

「投資＝ギャンブル」であると思っている人も多いでしょう。投資は怖いものではなくて、少額でリスクを抑えながらでも始めることが可能です。そして、まずは、基本を学ぶことが重要なのです。

そもそも、株式投資をなぜ怖いと思うのでしょうか。第1章でも説明したように、国からは次のような推奨が成されています。

「老後資金は年金だけでは足りないので、不足分はあなたで補ってください。そのためにNISAやiDeCoを利用してください。税制優遇などの特典が受けられますよ」。

そのために、投資に関心を持つ人が増えてきたのですが、あくまでも「資産」が目的であるのに、「投資は100%安全ではなく、リスクがともないマイナスになってしまうこともある」と謳われてしまっていますよね。

つまり、このことで株式投資は怖いと思ってしまう要因となっているのではないでしょうか。このような情報だけが広まり、肝心の株式投資については知らないことだらけという人が多いといえます。

これからは、怖がらないためにも「知ること」が重要なのです。初めての場合は、少額から……。ゆっくりと慣れていきましょう。

1－1 きちんと学べば必要以上に怖くない

株式投資のマーケットでは誰でも平等に結果を出せます。「現在、月にどれくらいの利益がほしいのか」「最終的にどれくらいの資産まで増やしたいのか」。数値化すると各々異なります。ただし、「お金が欲しい」ことは共通しており、ここで高い目標を掲げることが重要です。

数値化することでイメージしやすくなり、言語化することで自分の目標値がみえてきます。投資を見直すためには必要なことといえます。

まず、株式投資のメリットをみてみましょう。

- ●短期間で高収入が可能
- ●利益額に上限がない
- ●デバイスはなんでもいい

●場所も関係ない
●年齢・性別・経験値なし

普段、さまざまな差別社会に苦しんでいる人は、誰でも平等なマーケットである株式投資がおすすめです。

本書で紹介する「空売り」を中心とした株のテクニックやスキルは、非常にシンプルです。なぜなら、著者自身が実践してきたことだからです。実践できない知識は、投資自体において惑わせるだけだと考えています。

株式投資で勝つためには、難しいことはほとんどありません。車の免許を例に説明していきましょう。

1-1-1 たとえば車の運転　免許をとってルールを守る

車の免許を持っている人はわかるかと思いますが、免許を取得するまでは「本当に自分が運転できるのかな」「運転ってどうやるんだろう」なんて不安になった経験がありますよね。しかし、教習所に通い、運転のプロに教えてもらいながら自分自身でも勉強をします。すると、「意外と簡単」「自分でも運転できた」と思えたでしょう。

免許を取得してしまえば、あなたは一人で車の運転をし、ルールを守りながら経験を積んでいったことは言うまでもありません。今では、簡単に、そして自由に運転することができているのではないでしょうか。

株式投資も、実はこの感覚と似ているのです。慣れてきたら、「たったこれだけで稼げるの？」「もっと難しいことだと思っていた」と思うはずです。

ただし、どんなに経験豊富な個人投資家でも株式投資に勝てない人は8割だといわれています。それは、難しいテクニックや方法ばかりに頼り過ぎているのかもしれません。たとえ、運転の経験があって自信を持っていても、うっかりミスしてしまうことはあります。普段通らない道を使おうとしたり、土地勘のない場所に行くことは、やはり慣れていても難しいものです。

プロの投資家ほど、売買の方法はシンプルです。使い慣れたテクニックを駆使して日々磨いているのです。つまり、何度も失敗してしまう人は、基本的なことを疎かにしている可能性があるため、失敗してもその対策を打ち、安定した利益を目指すことが大切だと考えています。

2 景気と連動して資産が増える

日本株は、米国株の株価に影響を受けます。米国株には法則性があるのですが、それが景気と連動しており大きく関わっています。

グラフのように、2月に一旦下落していますが、企業決算が始まる4月になると大きく上昇しています。今後もこの通りに米国株の規則性が保てるかについては、保証はありません。ただし、買いのタイミングが米国株にも日本株にも傾向があることは明確です。

S&P500指数の月別リターン平均（過去30年平均）

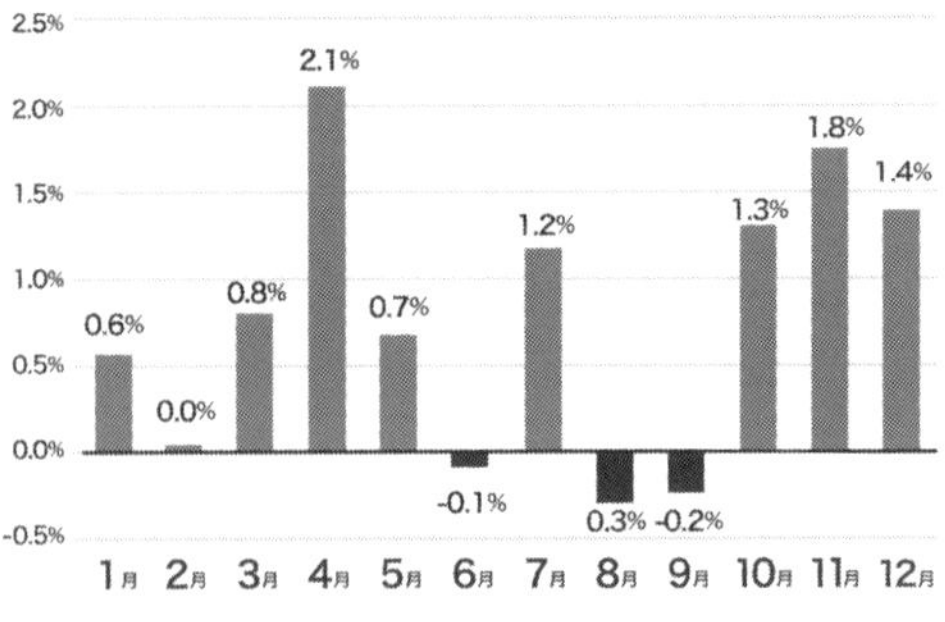

画像参照元：Bloomberg より楽天証券経済研究所作成（1991〜2020 年）

また、歴史的な大暴落にも法則性があります。つまり、一定のサイクルがあるということです。

２０１９年新型コロナウイルス感染症の拡大、２０２２年ロシアのウクライナ侵攻の影響は、世界中を大混乱へと導きました。株式市場においても暴落の新たな歴史を作ったことは事実といえるでしょう。ここで、これまでの大暴落を振り返っていきます。

１９８７年10月に発生した「ブラックマンデー」は、香港が発端となり発生した大暴落。ダウ平均株価は22・６％も下落し、日本平均株価は14・90％下落の３８３６円48銭安を記録しました。これは、現在でも過去最大の大暴落といえます。

続いて記憶に新しいのが「リーマンショック」。２００８年５月にアメリカの投資銀行大手リーマン・ブラザーズが経営破綻したことをきっかけに、世界的な金融危機に陥りました。このとき、当初はニューヨーク市場の下落率は10％にとどまっていましたが、その後、経済政策が実施されたにもかかわらず、株価は40％にも下落することになったのです。

そこで、日経平均株価は９月16日の終値が１万１６１０円だったのですが、10月末には６９９４円まで下落しました。

ブラックマンデー時の平均株価

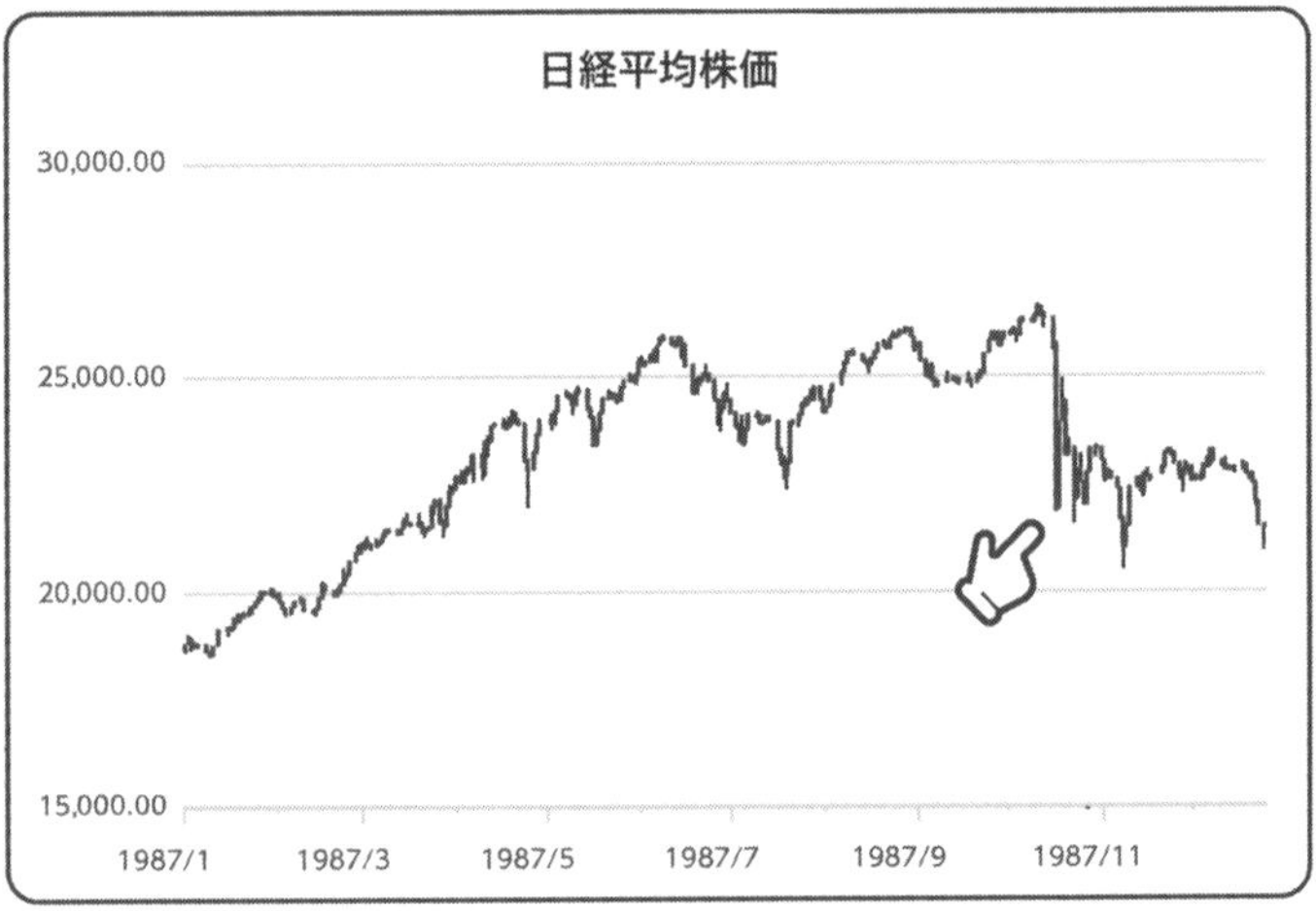

画像参照元：「かぶまど」https://kabumado.jp/crash_history_1/

リーマンショック時の平均株価

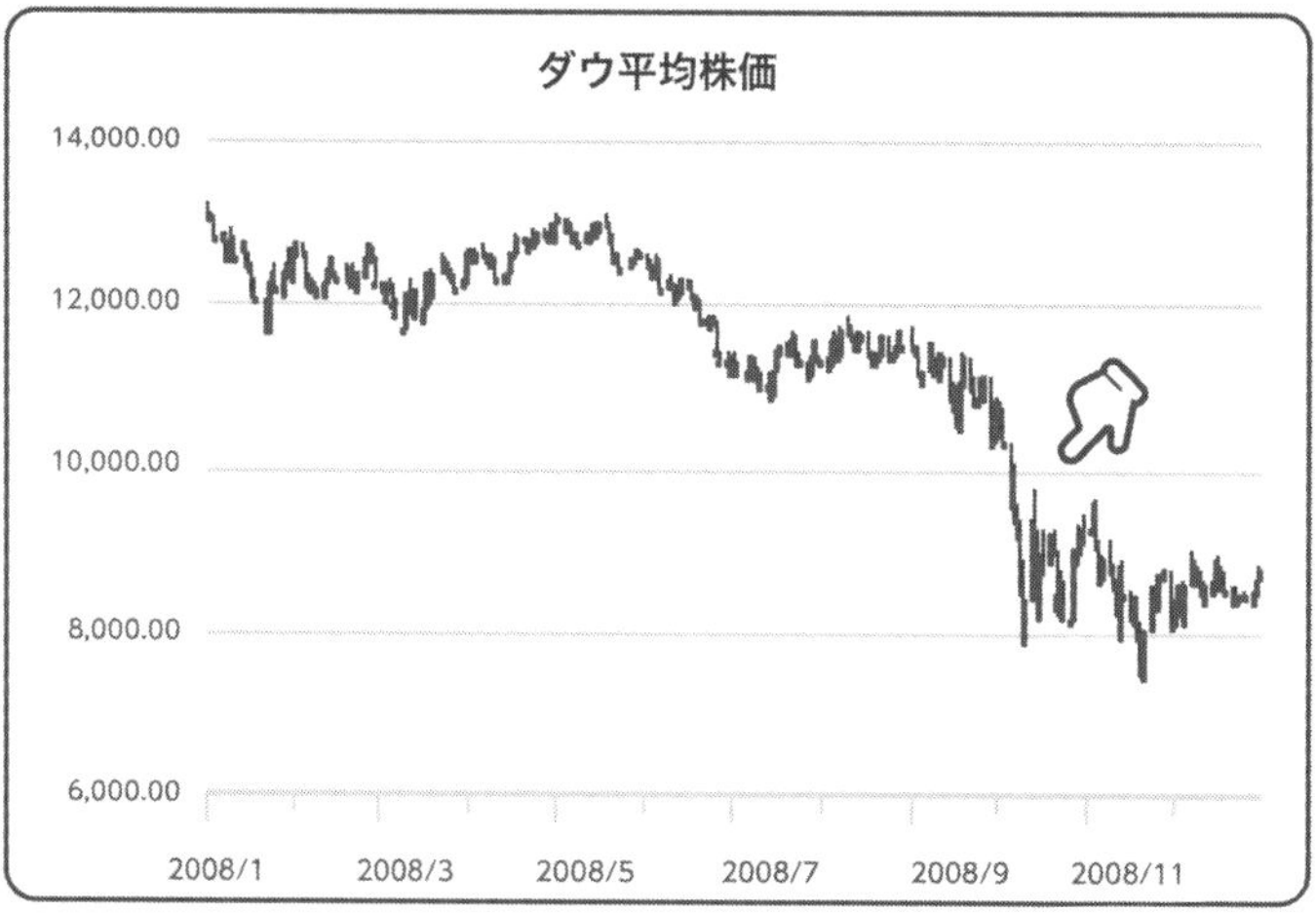

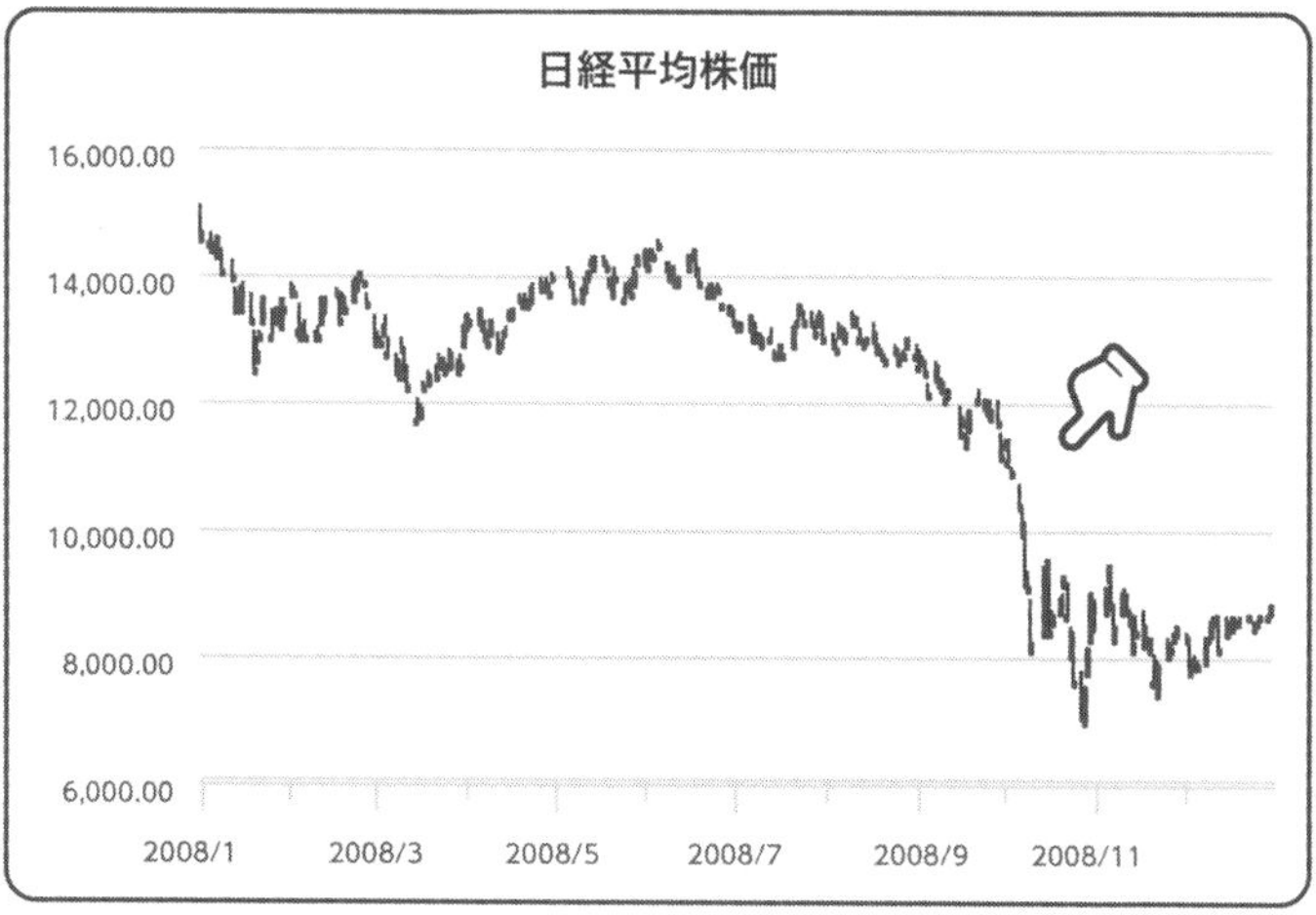

画像参照元：「かぶまど」https://kabumado.jp/crash_history_1/

この他にも、1971年の「ニクソンショック」、2001年「米国同時多発テロ事件」、2007年「サブプライム・ショック」、2015年「チャイナ・ショック」、2016年「トランプショック」などがあります。

このように、大暴落という歴史を繰り返していることがわかりますよね。逆に、これらを上手に利用することで、初心者の個人投資家でも儲けることができます。そして、このような暴落などを利用するために必要なことが、資金管理やメンタルを高めることにもつながるのです。

2-1 物価指数が上がるのなら、資産も上がらないと損をしている

物価指数(ぶっかしすう)とは、物価の動きを把握するための指数のことを指します。消費者が購入する商品の価格を調査する消費者物価指数があり、総務省が毎月集計をして発表しています。

画像参照元：「茨城県」
https://www.pref.ibaraki.jp/kikaku/tokei/fukyu/tokei/furusato/007.html

わたしたちは、日常生活においてさまざまな商品を購入します。それらの商品には価格があり、商品の価格の平均的な動きを「消費者物価指数」といいます。

たとえば、消費者物価指数の基準値を１００としたときの例をみてみましょう。

基準時を１００として、比較時の物価指数が１０５・０と示されています。これは、５％上昇したということです。このように、物価指数が上がると商品の値段も上がることが一般的。この状態が、よく「インフレが進んだ」などと表現される状況です。

一般的に、インフレは企業業績を拡大させ、その局面では株価が上昇しやすい傾向にあります。しかし、一方ではインフレのニュースが株価上昇につながらないこともあるため、投資家にとっては関係性を知っておくことが必要なのです。

ここで、例として企業の初任給を考えてみましょう。大卒初任給の年次統計調査が始まったのが1968年。その当時の大卒初任給は、月給3万600円でした。その後、右肩上がりに増え続けて、90年代以降には20万円前後となっています。ただし、給与所得者の年収は2000年前後をピークに微減傾向が続き、いかにして老後の資産を形成していくかが人々の課題となりつつあるのです。また、他の物価はどうでしょうか。たとえば、1968年のラーメンの価格は、75円。喫茶店のコーヒーが80円、映画館が500円でした。

このように、物価は年々どの業界においても上がり、現金で保有、つまり預貯金に頼っている人たちにとっては目減りしているといえます。お金の価値は同じですが物価が上がることで、現金自体が0%の商品と同じであると考えることができるのです。

大卒の初任給

1973年	62,300円
1983年	132,200円
1988年	153,100円
1993年	190,300円
1998年	195,500円
2003年	201,300円
2008年	201,300円
2013年	200,200円
2017年	210,100円

増

厚生労働省
賃金構造基本統計調査より参照

23区家賃相場推移 23㎡

1973年	14,371円
1983年	35,913円
1988年	53,088円
1993年	70,513円
1998年	74,145円
2003年	72,427円
2008年	85,005円
2013年	85,381円
2017年	85,312円

増

総務省
住宅・土地統計調査より参照

即席麺の価格

1973年	33円
1983年	66円
1988年	70円
1993年	83円
1998年	84円
2003年	141円
2008年	146円
2013年	135円
2017年	149円

増

総務省
小売物価統計調査より参照

　したがって、インフレが起こっている、もしくは起こりそうなときには、保有資産の占める株式資産を高めることで資産運用の利益を上げやすいといえます。

3 日本で資産家が増えている理由

日本で資産家が増えている理由は、繰り返し述べてきている老後のための資金運用のためなのですが、その他にも考えられることがあります。それは、日本国民誰もが「億り人」になれるチャンスがあること。

株式投資で億万長者になることはそんなに難しくなく、むしろ目指さないことがもったいないと思っています。

たとえば、10万円を20万円に、1億円を2億円にするのも知識やスキルはほとんど変わりません。どちらも資金を2倍に増やすだけです。最初は10万円から始めて、再現性をクリアし繰り返し行うだけで、自然と金額が増えていくのです。小さな成功を重ねていくことが重要といえますよね。

3-1 国税庁のデータで富裕層・超富裕層が出ている現実

日本において「1年間で1億円以上稼ぐ人」は、2017年の国税局が発表した統計年報によると約2万3250人。意外と多いと思った人もいますよね。そして、どんなことで稼いでいるのかというと……。

●株・為替のトレーダー：56・4％
●超一流企業の給与所得者：31・8％
●事業所得者：7・8％
●不動産所有者：2・8％
●作家・ミュージシャン：1・2％

1億円以上稼いでいる半数以上の人が「株・為替」で稼いでいることがわかります。収入をデザインする一番の近道といえるのです。

日本という社会インフラが整った環境では、1億円の資産をつくることは予想以上に簡単です。そのため、今後、資産1億円以上の富裕層や資産5億円以上の超富裕層の割合が増えていくと考えられます。

4 日本で1億円以上の所得申告をしている人は何をしているのか？

では、1億円以上の所得申告している人は一体何をしているのでしょうか。一つは、得た利益をすべて再投資しているということ。せっかく稼げたのに……。利益を積み重ねて再投資していくことを「複利効果」というのですが、その力を利用しないことの方がもったいないと考えます。

複利効果とは、得た利益を当初の元本にプラスして再投資することをいいます。利益が利益を生み、利益が膨らんでいくイメージです。ちなみに、複利の反対語は単利。得た利益をプラスせずに当初の元本のままで運用する方法です。

再投資を繰り返すことで、資産は2倍、4倍、8倍へと増えていくのです。このように、お金を稼げる人は自分のためにお金を動かしているということがわかります。

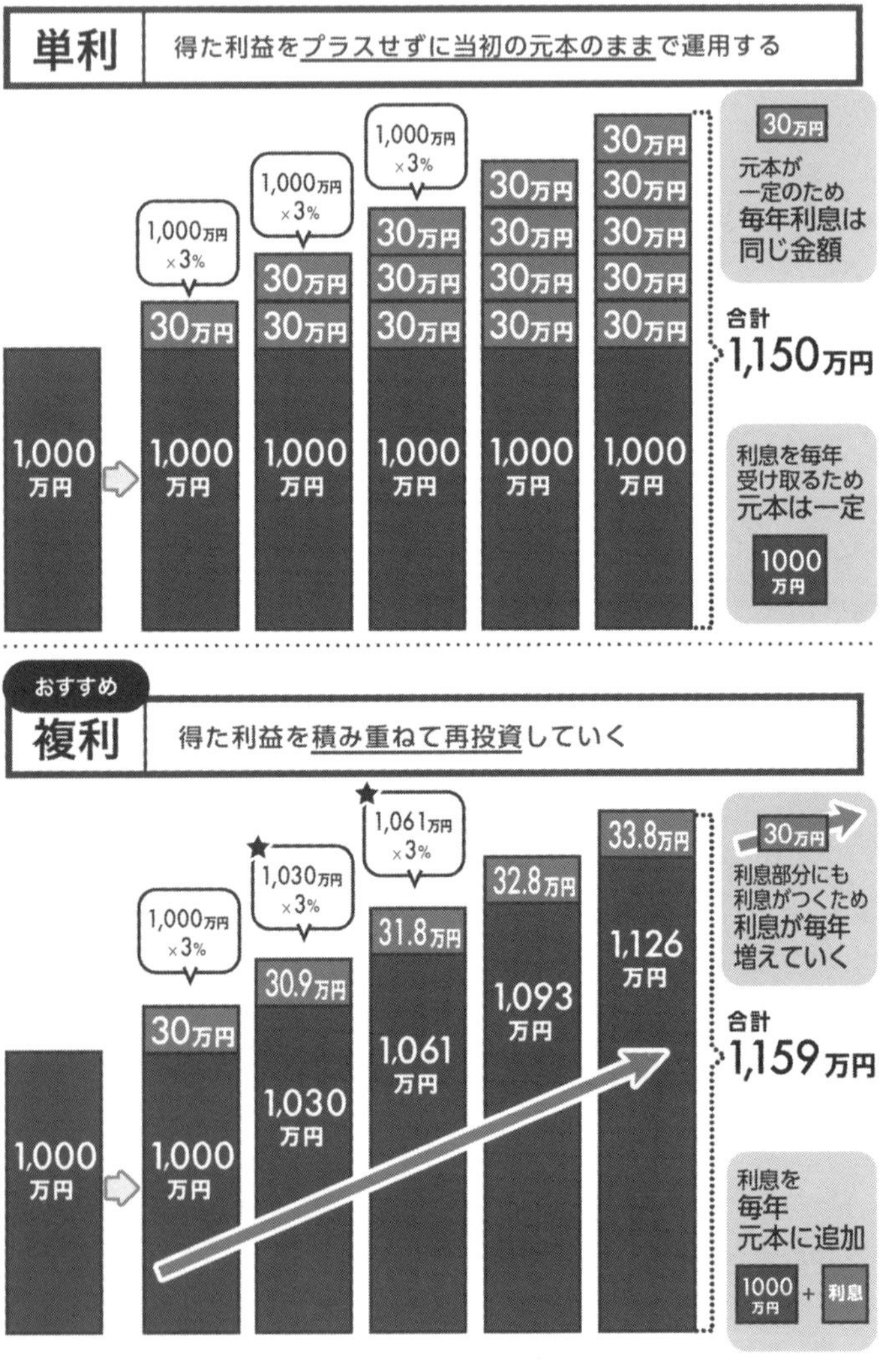

画像参照元：「りそなグループ」
https://www.resonabank.co.jp/kojin/column/shisan_kihon/column_0015.html

5　世界の大富豪

『金持ち父さん貧乏父さん』の著者ロバート・キヨサキ氏は次のように述べています。

〝中流以下の人間はお金のために働く。お金持ちは自分のためにお金を働かせる〟

つまり、お金持ちは働きながら投資によってお金にも働いてもらうことで、富をきずけられる。これは、富裕層になるために必要なルールなのです。

5－1　資産のほとんどは株だ

「お金持ち」と呼ばれる人たちには、以下の特徴があります。

資産家	現金や不動産などを問わず、自己資産を多く所有している。
お金持ち	単純にお金を持っている人。資産家・富裕層・高所得者を含む広い意味で使用する。
富裕層	純金融資産(現金など)を1億円以上所有している。
高所得者	所得・収入が多い。一般的には年収850万円以上の人のこと。

では、「資産家」と「お金持ち」の違いはどこにあるのでしょうか。

資産家	自分の力でお金を生み出せる。資産を運用し、資産形成を行っている。
お金持ち	宝くじに当選した、親から多額のお金をもらっているなど、単純に手元にお金がある人も含まれる。

つまり、富裕層や超富裕層といわれる資産家たちは、自己資産を運用し、さらに資金をきずけている人といえます。資産のほとんどが、株式投資などの金融資産ということです。

5-1-1 ジェフ・ベゾスとウォーレン・バフェット

元アメリカ合衆国大統領で不動産王のドナルド・トランプは、若い頃、アルバイトの掛け持ちをしながら働いていました。また、ファーストリテイリングの柳井正社長は、小さな家電量販店からスタートし、今では世界の長者番付に名を連ねています。現在は成功していても、過去には苦労を重ねている資産家は多く存在しています。

ここでは、世界最大級の資産家の一人であるジェフリー・プレストン・ベゾス(Jeffrey Preston Bezos)と伝説の投資家であるウォーレン・エドワード・バフェット(Warren Edward Buffett)を詳しく紹介します。

アメリカの実業家であるジェフ・ベゾスの純資産は、2022年時点で1775億ドル。2020年に2046億ドルの資産を有し、世界で初めて資産が2000億ドルを超えた人物として有名です。

ジェフ・ベゾスは、ベゾス・エクスペディションズ(Bezos Expeditions)を通じて、個人的な投資を行っており、1998年にはGoogleに25万ドルを投資しました。その株価は、2017年時点で310億ドルになっています。また、アンチエイジングなどの研究への資金も投資しています。

ヘルスケア分野では、ジュノ・セラピューティックス(Juno Therapeutics)、ゾックドック(ZocDoc)などにも投資活動を行っている、世界を代表する投資家です。

画像引用元：フリー百科事典『ウィキペディア(Wikipedia)』
https://ja.wikipedia.org/wiki/%E3%82%B8%E3%82%A7%E3%83%95%E3%83%BB%E3%83%99%E3%82%BE%E3%82%B9

ウォーレン・バフェットは、アメリカの投資家であり、投資会社バークシャー・ハサウェイの会長兼ＣＥＯを務めています。数々の企業への投資を繰り返し、世界でも屈指の資産家といわれています。

バフェットの投資方法は「バリュー投資」。バリュー投資は、実際の価値よりも格安に放置されている株を購入して、本来の価格に戻った際に売却する方法です。そうすることで、利益が得られます。

画像引用元：「PRESIDENT Online」
https://president.jp/articles/photo/38659?pn=1

ここで大事なのは、２人は共通して「決して楽して儲けているわけではない」ということです。富を得るために努力や苦労を重ねてきた人であり、勝つためのルールを知り尽くしています。つまり、投資という分野で活躍し続けた結果、現在の富を手に入れることができたといえるのです。

6 投資家が最も税制優遇されている社会の仕組み

株式会社は、株式を発行して投資家からお金を集めて、その資本を基に運営が成立しています。株式は、資本を出資している投資家に対して発行される証明書ですが、株式を持っていることで以下の権利を得られます。

●会社の利益を上げた際に配分された配当を受け取れる。
●会社の経営において株主総会に参加できる。

このような権利が付与されることは、リスクを取りながらも配当をもらえることがメリットの一つといえます。

6-1 所得税はマックス55%だけど、株は20%だけでいい

では、配当金の税率をみてみると……。

会社役員などは55%もの税金を納めるのに対して、投資家は20%のみで済みます。つまり、株式の税金が一番安いのが投資家なのです。

支払わなければならない税金の差は、一目瞭然といえますよね。

累進課税制度により働けば働くほど税金が上がる会社員に対して、働いて収入を得るよりも株主の方が優遇されています。

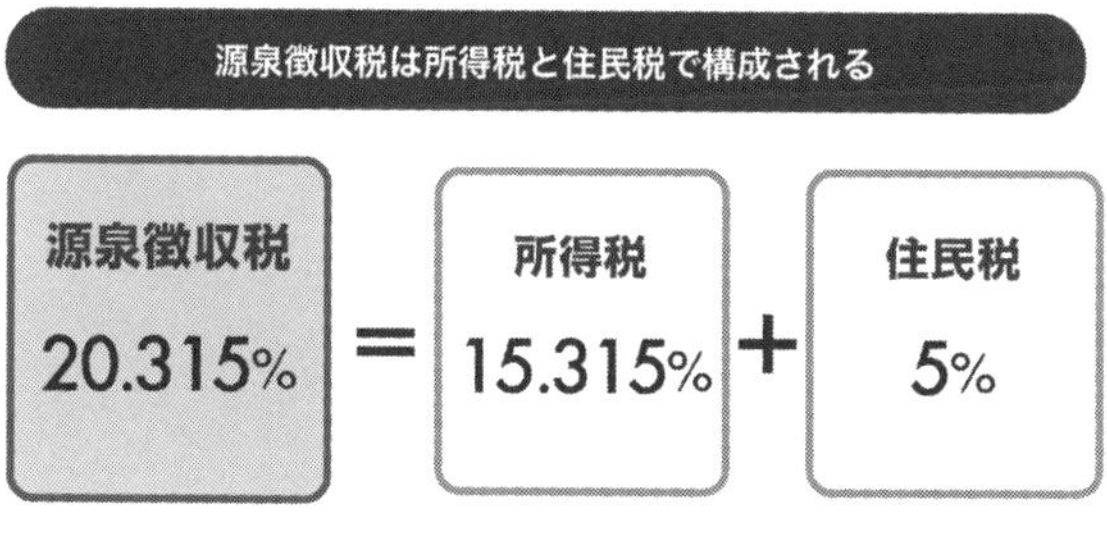

画像参照元：アセットキャンパス
https://www.oag-tax.co.jp/asset-campus-oag/stock-tax-income-tax-745

6-2 株式投資をスタートするためのおすすめ証券会社

株式投資を始めるにあたっておすすめのネット証券。なぜおすすめなのかというと……。

●証券会社の窓口での営業から逃れられる。
●証券会社では「空売り」は反対されるため、行うことが難しい。
●少額からスタートできる。

一般的にまとまった資金が必要な株式投資ですが、特にネット証券では少額の株式投資サービスが登場しているため非常に便利です。また、インターネット上のみでの手続きのため、簡単に利用できることもメリットといえます。

第2章の最後は、おすすめのネット証券について紹介します。

6-2-1 SBI証券・楽天証券・松井証券・マネックス証券・auカブコム証券を紹介

ネット証券とは、インターネット上の操作のみで入出金や取引を完結できる証券会社のことです。ネット専業で営業しているため、実店舗型の証券会社とは異なります。何といっても最大のメリットは、手続きなどすべてが手軽に行なえることなのですが、他にもさまざまな魅力が揃っています。

●取引コストが安い

実店舗と比較して人件費や手数料の安さから、コストがかかりません。さらに、ネット証券同士でもコストの安さを競い合っているため、投資家にとってはメリットとなっています。

●スマホなどのアプリや新たなサービスが登場

ネット証券には、それぞれのアプリがありサービスや特典も魅力的です。たとえば、PTS（私設取引システム）により夜間取引ができたり、ポイントが貯まり、そのポイントも投資に利用できたりします。

ネット証券は、順調に口座数を獲得しており、今後も主流になることは間違いありません。自分自身の投資の方法や目的に見合ったネット証券を選びましょう。

本書にておすすめのネット証券会社をまとめました。ぜひ、参考にしてみてください。

まず、2021年4月に株式会社クロス・マーケティングにて実施された証券会社についてのアンケート調査によると、「信頼できるというイメージがある」という項目において次のような結果が得られています（次ページ上の図）。

続いて、2020年に株式会社ミンカブ・ジ・インフォノイドにて行なわれた調査では、「どこの証券会社の口座をお持ちですか？」との設問に対し、次の回答が得られました（※複数回答可形式、次ページ下の図）。

SBI証券が他を大きく引き離す結果となっています。ただし、ネット証券との相性は人それぞれですので、比較しながら口座開設することをおすすめします。

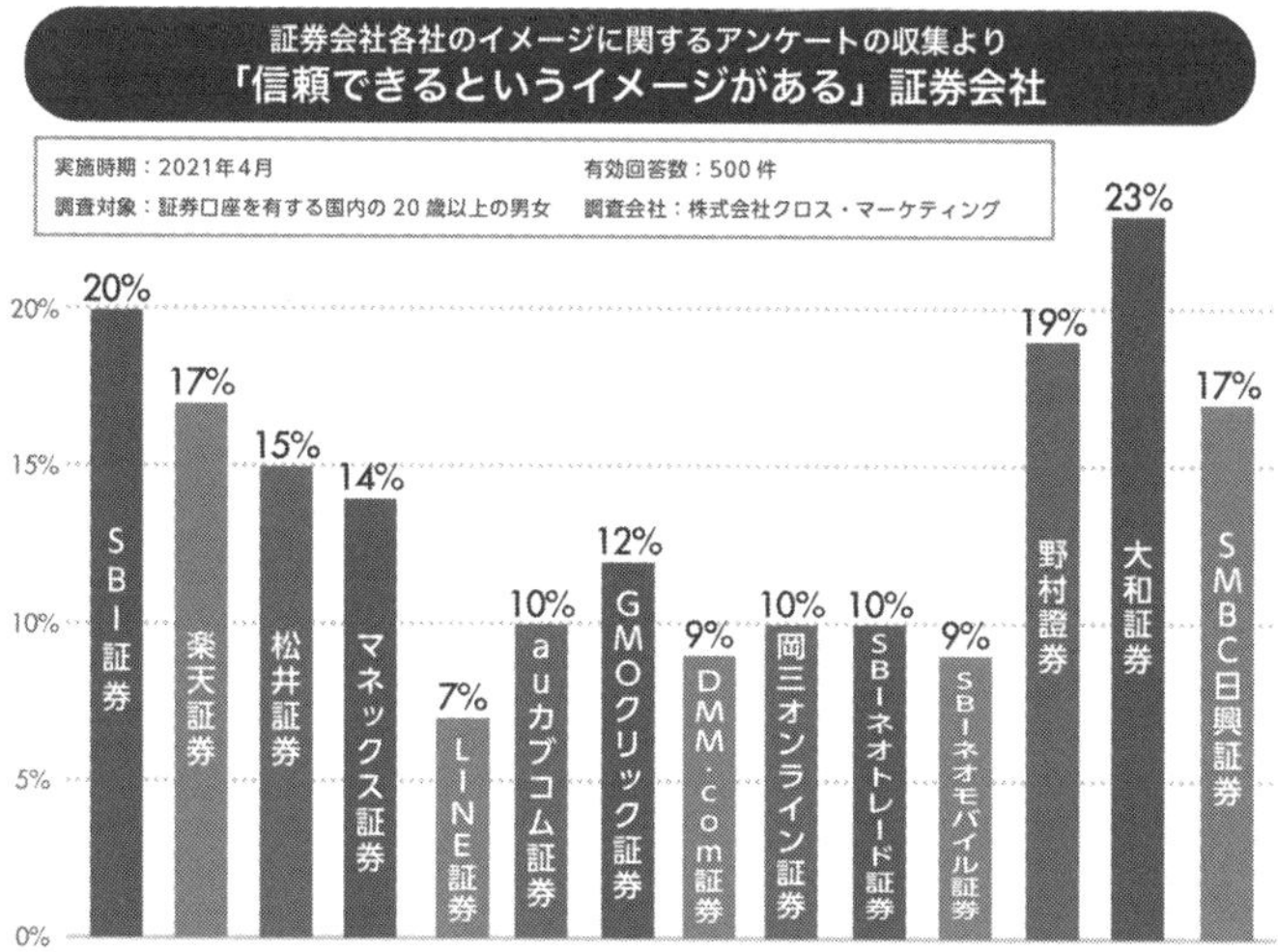

画像参照元：ZUU　https://zuu.co.jp/media/stock/securities-company-ranking/

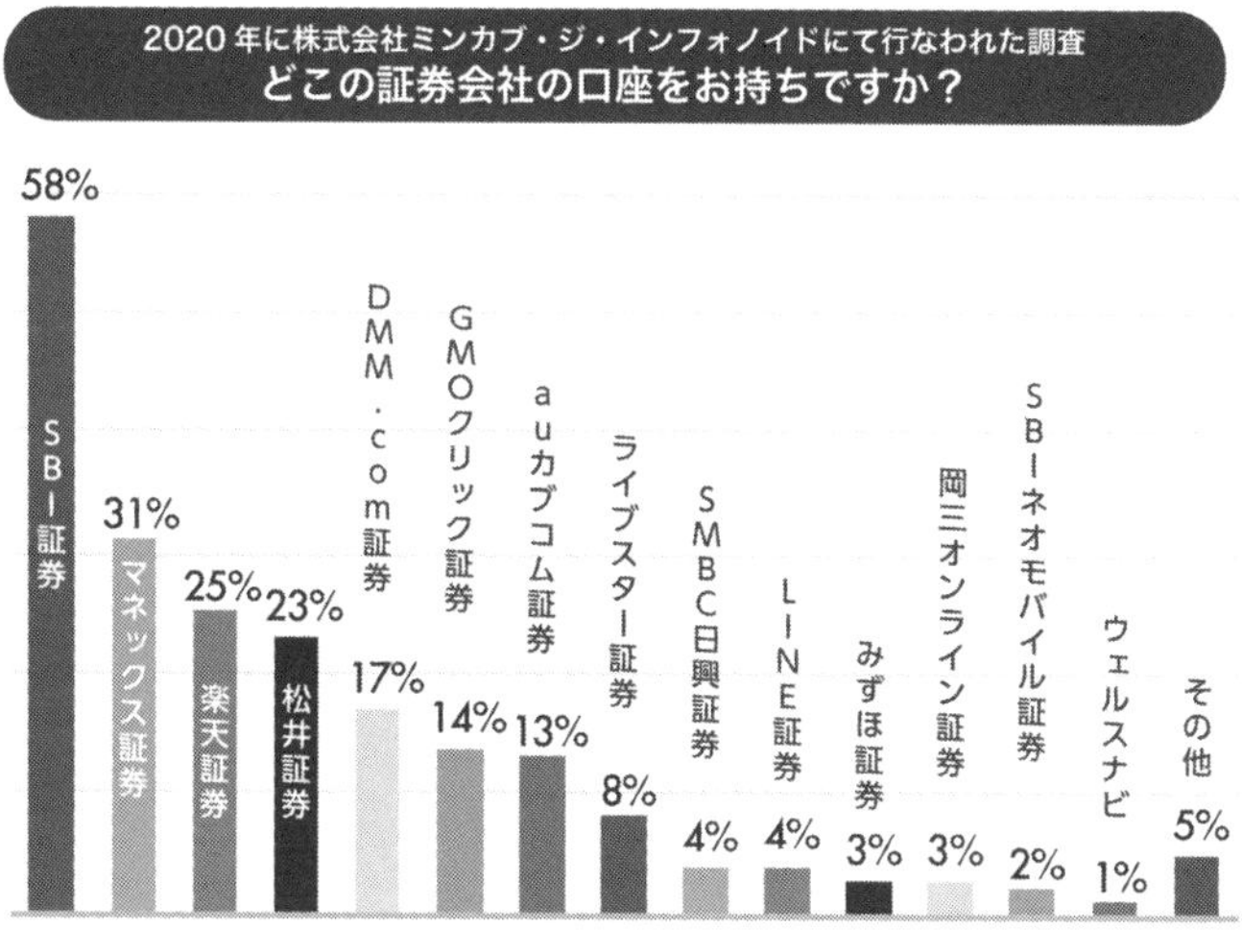

画像参照元：MINKABU　https://minkabu.jp/hikaku/

ネット証券名	特徴やメリット
SBI証券	●手数料の安さがトップクラス ●「高機能ツール」「取引商品数」「豊富な情報発信」などのサービスが揃っている ●日本株や米国株だけに限らず、中国株など世界10ヵ国にも投資可能 ●「リアルタイム株価」「チャート」などの投資情報が無料でチェックできる ●ロボットアドバイザー「Wealth Navi for SBI証券」など初心者にも安心したサービスが豊富
楽天証券	●「株式取引手数料」「投信保有残高」など投資をしながら楽天ポイントが貯まる ●スマホアプリ「iSPEED(アイスピード)」では、「最短3タップで注文可能」「15種類のテクニカルチャート」 ●口座開設が簡単
松井証券	●わかりやすい手数料設定 (現物株式取引：50万円まで無料、100万円まで1100円、200万円まで2200円) ●「一日信用取引」がデイトレーダーに人気 ●「原則24時間」「リモートサポート」など初心者でも安心のサポート体制
マネックス証券	●取り扱う米国株が4500銘柄を超えている ●公平なIPO抽せん(未上場の株式を新規に証券取引所に上場させること)のため個人投資家に人気 ●「パソコンサポートダイヤル」などコールセンターによるサポートが充実
auカブコム証券	●「シニア割引」「auで株式割」など独自の割引サービスがある ●投資セミナーに無料で参加可能 ●「カブナビ」「EVERチャート」など充実した支援ツール ●取引手数料無料となる対象が豊富に揃う

第3章

なぜ空売りをさせたくないのか？

1. そもそも空売りとは何か？
2. 空売りのストーリー
3. 空売りはリスクが高いのか？
4. なぜ個人投資家に空売りをさせたくないのか？
5. 空売りが危ないのは誤解
6. 空売りを始めるには信用口座を開設

1　そもそも空売りとは何か？

証券会社に行き、営業担当者に「空売りしたいのですが」と尋ねたところ、断られたという経験はありませんか。なぜ、空売りをさせたくないのでしょうか。第3章では、空売りの仕組みを学びながら考えていきたいと思います。

どうして株を持っていないのに売ることが可能なの？　と思いますよね。

そもそも空売りとは、「株を買う」のではなく、証券会社から株を借りて「株を売る」ことから始める取引です。空売りした株が、売ったときの値段よりも下がったときに買い戻すことで利益を得ます。つまり、株価が下がったときの下落幅が利益となるのです。

まずは、「空売りは売りから始める」と覚えましょう。

通常の株式は買いから始めますが、それとは逆に対象銘柄が値下がりしたことで儲かります。たとえば、１株１００円の銘柄を空売りで利益を得る流れを説明します。

- １００株分の売り注文を入れる
- １株50円になったときに買い埋め注文を入れる
- １万円－５０００円＝５０００円の利益となる

空売りは、これから株価が下がるであろうと予想し、それが見込まれる銘柄を見つけることで有効な方法になります。

１－１　空売りの基本的な仕組み

最初に、空売りの基本的な仕組みをみていきましょう。

個人投資家が空売りを行うには、信用取引口座の開設が必要です。この際、証券会社に

空売りで利益の出る仕組み

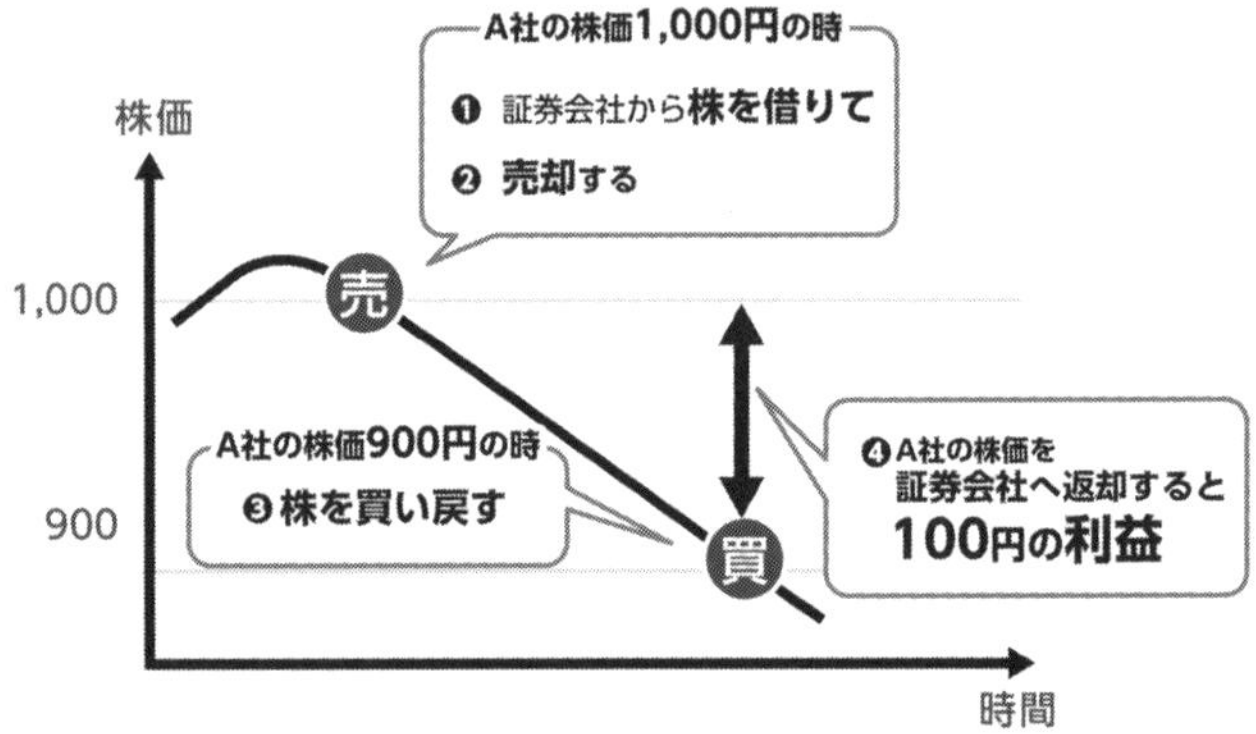

画像参照元：かぶまど　https://kabumado.jp/short-selling/

よる審査があります。「信用取引」は、証券会社に信用してもらうことで、持っている投資資金額以上の取引が可能になります。保有していない株式を「借りる」のですから、証券会社の審査を通る必要があるのです。

　このように、証券会社が代行して株式の取引を行ってくれるシステムです。

①株を借りる
←
②株を売る
←
③株を返す（6ヵ月間）

空売りのメリットは、相場が下落しても利益を狙えることです。株価の下落を予想して取引することができ、空売りのリスクヘッジとして使用できるのです。リスクヘッジとは、本来起こり得るリスクの程度を予測して、対応できる体制を取り備えることです。通常は、株価の購入時より下落すると、株価の上昇を待つか損切りをすることになりますが、空売りをしておくことで、下落中に空売り分の利益が発生し損失を軽減することができます。

しかし、このとき気を付けることは、下落したからといって焦らないこと。特に投資初心者はなかなか冷静ではいられません。そこで狼狽売り(ろうばいうり)をする心理が働くのですが、相場が予想に反して上昇した場合には損失が発生してしまいます。それに相まって、初心者は損切り(そんぎり)が下手だといわれています。今売ったら損失してしまうと考えてしまい、株価が戻るまで待つ場合が多いのです。

また、信用取引には、証券取引所が定めているルールが存在します。それが「制度信用」と「一般信用」です。

制度信用は、証券取引所が決めた銘柄を買うこと、売ることの両方が可能で、信用買い

市場別・制度信用で空売りできる銘柄の数

	東証1部	東証2部	マザーズ	JASDAQ	合計
貸借銘柄	1,775(86%) 相場式のターゲットは東証1部の1,775銘柄中、出来高100万株以上	149(29%)	43(17%)	132(17%)	2,099(58%)
全銘柄	2,065	517	248	749	3,580

2017年末時点。日本取引所の資料より筆者作成

できる銘柄を「信用銘柄」といいます。信用買いと空売りができる銘柄を「貸借銘柄(たいしゃくめいがら)」と呼びます。ただし、6ヵ月以内に取引を決済しなければなりません。

一般信用の場合は、決済期限がなく取引は継続できます。

取引の手数料は、制度信用の方が安い傾向にあります。一般信用の場合は、証券会社が独自のルートにより貸株を調達するため、制度信用の貸借銘柄でない株式でも空売りが可能です。

また、株式を買うタイミングも重要で

あり、２種類に分類されています。

順張り型	下落している銘柄を見つけて空売り 株価が上昇しているときに新規に買います
逆張り型	急上昇している銘柄を見つけて空売り 株価が下落しているときに新規に買います

空売りは、株価が下がることで利益が上がります。「買い」「売り」両方できてこそ、利益を最大化できるということです。

2 空売りのストーリー

株式投資の空売りのイメージができない人もいますよね。ここでは、株をスマートフォンのｉＰｈｏｎｅに例えて考えてみましょう。

2-1 iPhoneを借りてヤフオクで10万円で売った

あなたは、ｉＰｈｏｎｅを1台借りてきて時価の10万円で販売しました。この取引において、あなたは10万円の現金を手に入れます。

この時点で、①株を借りる→②株を売るの取引が完了したことになります。

2-2 時価が下がったので5万円で買い戻し、ｉＰｈｏｎｅを返却する

ｉＰｈｏｎｅを手に入れてから5ヵ月が経過しました。すると、同機種ｉＰｈｏｎｅの時価が下がったため、あなたはフリーマーケットから5万円支払いｉＰｈｏｎｅを購入します。そして、借りていたｉＰｈｏｎｅを返却します。

すると、あなたの手元には5万円が残っており、誰に対しても貸し借りはありません。この時点で、③株を返すという取引を、6ヵ月以内に完了したため契約通りの「空売り」で利益を得たことになります。

※ただし、スマートフォンのレンタルは、借りたものの種類や番号をお店側が控えていることもあるため、返却についての規約や契約事項に従うことが重要です。ここでは、例としてあげておりますので、レンタルにおける規則は必ず留意してください。

3 空売りはリスクが高いのか？

空売りにリスクがないとは断言できません。何事にもリスクは付きまといますから、当然といえば当然ですね。

空売り後に株価が上昇することもあり、通常の株式投資よりも大きな損を被る場合もあります。なぜなら、現物取引(げんぶつとりひき)は投資額以上の損失を超えることはありません。しかし、空売りは、理論上株価の上限がないため、損失額も決まりがないのです。

ここでは、ある銘柄を1000円で買う場合と、1000円で空売りする場合をみていきます。

まず、1000円で買った場合は、損失額の最大値は株式が0円になったときであり、損失は1000円です。±0円ということです。

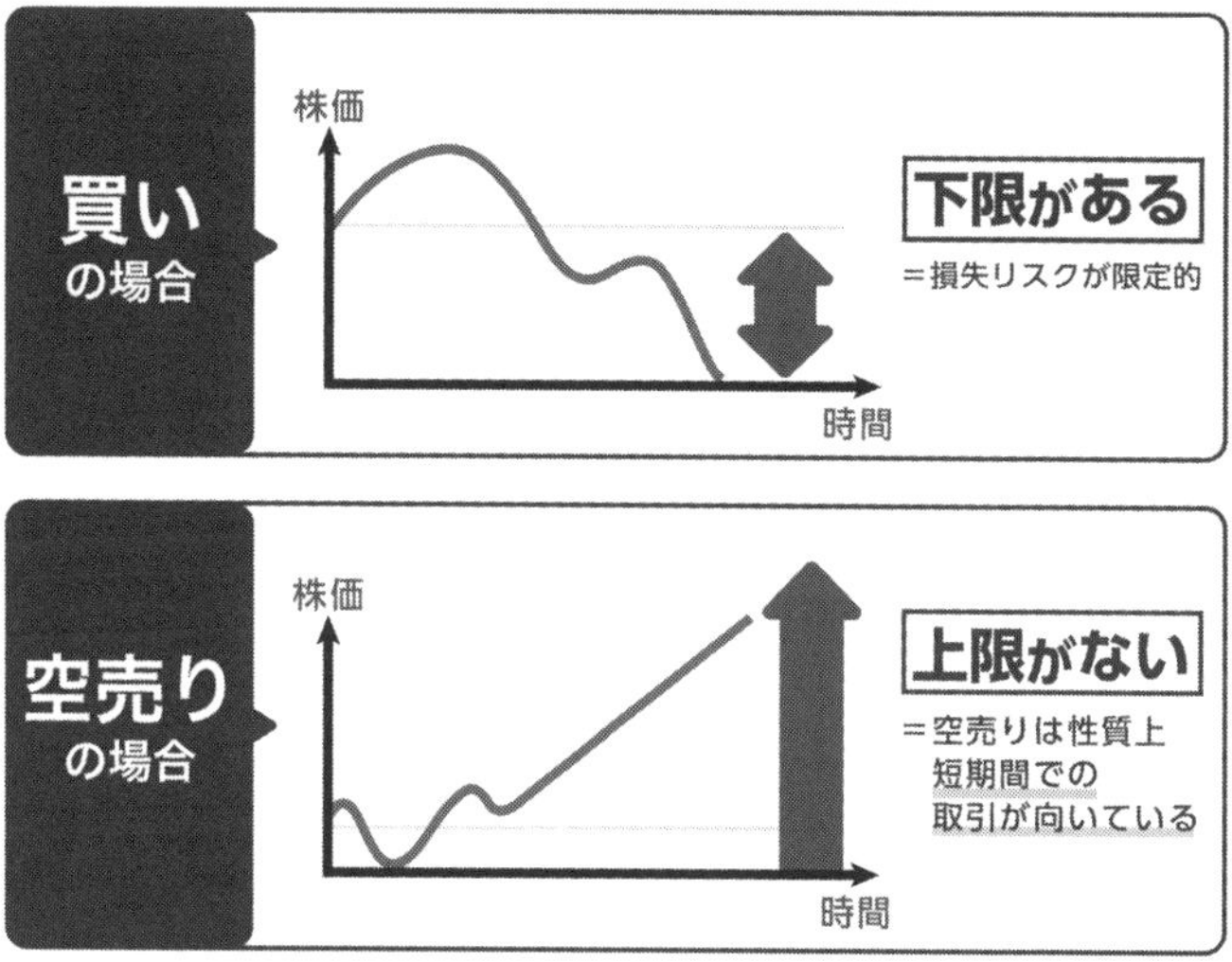

画像参照元：投資の学校　https://www.bridge-salon.jp/toushi/short/

一方の空売りの場合は、損失は株価が上がれば上がるほど大きくなります。もし、１万円になってしまった際には、損失は９０００円となります。

このように、空売りでは株価の上限がないため、損失のリスクがあることは把握しておくことが不可欠です。

3-1 空売りも買いもリスクは同じ

とはいっても、「空売り」も「買い」もリスクは同じです。勝つときもあれば損をすることもありますし、失敗することは両方に通じることです。株式投資の経験値として捉えれば、両方の投資方法を知りながら失敗も味わうことは、むしろ長期的にみるとプラスとして考えることができるのではないでしょうか。

株式投資では必ず下落相場が訪れます。現物投資では買い注文からしかできないため、「投資しない」という選択肢しかないのですが、空売りの場合は下落相場が続く状況であっても株式投資を続けやすくなるのです。

ですので、そうした状況下であっても新たに空売りを行うことで、現物株による含み損の拡大を軽減できます。空売りは性質上、短期間での取引が向いています。一般的に株式投資は早めに損切りすることが大切です。最悪の場合は、株価の下落で倒産してしまう可能性もあるのです。

そこで、空売りができるようになると、チャンスが2倍に広がると考えてみるとどうでしょうか。

株価が上がっているときには買う。下がっているときには空売りをする。そうすることで、株価のすべての値動きを利益に変えられます。現物投資だけでは、利益を得るチャンスは50％に過ぎません。空売りをしない株式投資は、始めからチャンスを逃していることと同じ。空売りをして儲けられるようになることで、チャンスを１００％にすることが可能であると考えています。

空売りを「怖い、難しい、大損する」というイメージがある人が多いとお話ししましたが、「初心者では絶対にできない」と思い込んでいるだけなのかもしれません。

思い込んでいてはなかなか前には進めませんよね。本書を手に取ってくださっているということは、空売りに興味があるはずです。あとは、「きっかけ」が必要なだけなのです。勇気を出して一歩前に踏み出してみましょう。

4 なぜ個人投資家に空売りをさせたくないのか？

何度も繰り返しますが、株式投資の空売りは「怖い、難しい、大損する」というイメージがあるせいか、どうしても手を出す勇気がない雰囲気があります。しかし、どんな投資方法であってもリスクは同じです。では、なぜ個人投資家に空売りをさせたくないのでしょう。ここでは、暴露話を踏まえながら解説していこうと思います。

4-1 業界暴露話　プロの空売りで利益を出している　仮想敵をつくる

結論から書きます。プロの投資家は空売りで荒稼ぎしています。ですので、金融リテラシーの高い人が空売りに参戦してくることは、プロにとって邪魔な存在となります。また、証券会社などの金融機関も個人投資家には空売りをさせません。なぜなら、空売りによって利益を得られることを恐れているからです。

たとえば、機関投資家と呼ばれる人たちは、証券会社の担当者に「個人投資家には空売りをしないようにしてほしい」と言っているそうです。本書では個人投資家こそ、空売りをするべきだと考えていますが、証券会社の都合によって通常の株式投資をするカモがたくさんいた方が楽であり都合が良いのでしょう。

営業マンと投資家の決定的な違いは何だと思いますか。

他人のお金を預かり運用をするプロの投資家やファンドのトレーダーは、常に利益を出すことが求められています。先行きが不透明という理由で、お金に対して損を出すことは許されないのです。一方の個人投資家は、自分の資産ですからある意味自由に運用しています。現金のまま、チャンスをみて良いタイミングで投資するという選択肢も可能です。

つまり、「待つ」ことができるのが個人投資家の特権ともいえるのではないでしょうか。

株式投資に強い、プロの投資家や証券会社の営業マンなどを仮想敵と捉えて、つまり、実在しない人物であると考えること。そして、ぼろ儲けしている人たちのカモにならないように株式投資をしていきましょう。

4-2 会員に株を買わせて、データを見ながら空売りを仕掛けて儲けている

もし、あなたが空売りをしたとします。そうすることで、営業マンには以下のようなデメリットが生じます。

● 素人の空売り投資家が現れることで、営業マンは業績の結果が出しにくくなる。
● 営業マンにとってお金だけを持っている人が多ければ多いほどいいので、頭が良い個人投資家が現れると困る。

つまり、会員のデータを見ながら空売りをしているため、ライバルが増えることは営業マンにとっては不都合となります。この行為は犯罪ではないか……と思いますが、実はインサイダー取引には該当しないようです。また、コンプライアンス上でも問題はありません。

このような背景もあり、何も知らない個人投資家に対しては「年間でどれだけ利益を出せるか」「窓口・販売手数料を取ればいい」と考えながら仕事をしています。そして、「空売り」をし、大儲けしているのです。

5　空売りが危ないのは誤解

「空売り」において「危ない、難しい」という印象をもつことは、初心者であれば当然ですし、経験を積んだ人でも非常にマイナーな取引方法であり、苦手意識が高く感じられます。しかし、中には、株価は下がることもあるのに「どうして買いだけしかできないのか」と思っている人もいるかもしれません。確かに、「空売り」を学べるところは少ないですよね。専門書やセミナー、講座なども「空売り」をベースにした内容は珍しいともいえます。

そこで、本書では、「堀北式規制空売り」の技術を紹介し、買いと売りの両方で稼げる方法を伝えますので安心してください。そして、もっと「空売り」の魅力に気づいてほしいと考えております。空売りは、信用口座の開設をしなければ始まりません。続いては、口座開設について学んでいきましょう。

6 空売りを始めるには信用口座を開設

先述した通り、取引を行うためには証券会社に「信用取引口座」を開きます。

証券会社に証券口座を開設すると、口座の残高の範囲内で株の取引ができます。口座の資金範囲内で株を買う取引を「現物取引」といい、その取引を行う口座を「現物口座」と呼びます。現物取引では、買って自分名義になった株を売ることはできますが、持っていない株を売ることはできません。そのため、現物口座では一方通行の取引だけが株での稼ぎ方となります。

そこで、信用取引口座を開設することで、株を買うだけではなく持っていない株を先に売ることができるようになるのです。つまり、空売りができるということです。

信用口座開設の流れ

画像参照元：内藤証券　https://www.naito-sec.co.jp/japan/margin/account.html

基本的な口座開設の流れは上記の通りです。証券会社によって多少手続きが違うことがありますので、詳細は現在口座を開いている証券会社のウェブページなどでご確認ください。

第4章

株式投資で絶対にやってはいけない7つの過ち

1. 証券会社の営業マンやアナリストの話は信じるな
2. 新聞や雑誌で紹介されている株には手を出すな
3. 友人・知人から入ってきた情報はガセネタと思え
4. テクニカル分析や自動売買ツールを信じるな
5. 株主優待目的で株を買うな
6. 成行注文はするな
7. 「好き」だけでその株を買うな

1 証券会社の営業マンやアナリストの話は信じるな

コロナ禍を機に株価が下落していることをチャンスと捉えて、投資を始める人が増えているようです。老後に備えて始めることは非常に価値がありますが、株式投資にはリスクがあります。

第4章では、最低限知っておくべき「やってはいけないこと」を解説します。これを押さえておけば、怖さも軽減するでしょう。株式投資で成功するために、一つの知識として覚えておくことは不可欠です。

証券会社の窓口では空売りをしたくても「空売りは危ない」と言われます。ほとんどの証券会社には自己売買部門(じこばいばいぶもん)というところがあるのですが、何をする部門かというと……。

証券会社の証券業が自己の勘定で売り買いをすること。ディーラーや証券ディーラーとも呼ばれています。ここで従事している人たちは、株式のプロ中のプロであり、利益が出せなければ淘汰されていくという厳しい世界にいます。

そんな彼ら彼女らは、手数料つまり利益欲しさで株式の話を進めているのです。利益を出すかどうかは「あなたではない」ということは明らかで、むしろ、自分たちが儲け、会社に信頼を得ることを第一に考えているのです。ですので、決して証券会社の営業マンの話は信じてはなりません。当然、彼らも仕事ですので仕方がないことですが、うまく話しにのせられて株式投資をしないように気を付けましょう。

しつこいかもしれませんが、空売りをすることで営業マンへ生じるデメリットをもう一度記します。

●素人の空売り投資家が現れることで、営業マンは業績の結果が出しにくくなる。
●営業マンにとってお金だけを持っている人が多ければ多いほどいいので、頭が良い個人投資家が現れると困る。

2 新聞や雑誌で紹介されている株には手を出すな

まず、メディアを信じないことは大前提です。ここでのメディアとは、投資顧問、雑誌、ラジオ、テレビ、ブログを指しています。経済ニュースを見聞きするだけでは、株式投資は成立しません。

なぜなら、大口投資家の売り抜きに使用されている可能性があるからです。メディアに特集させて上がるかもしれないという情報を発信することで、素人の投資家はついつい買ってしまいます。これが最大の落とし穴。買い注文が入った時に機関投資家たちは売ることで大きな利益を得るわけです。ここで、買ってしまった人は、一時的には上がりますがその後は上がらずに損をすることになります。

ただし、日々の時事問題や経済ニュースを確認することで、株価が上がるか下がるかの期待値の確率を高めることは可能です。

外からの知見を鵜呑みにし過ぎないこと。つまり、自分自身で情報を整理し、常に投資のスキルを上げることで勝ち続けることができます。

もし、メディアからの情報が知りたいのであれば、通信社から得られます。通信社とは、たとえば、共同通信社やロイター通信社などがあります。

- 共同通信社
- 時事通信社
- 東京ニュース通信社
- ＡＰ通信
- ブルームバーグ
- トムソン・ロイター
- 新華社

株式投資において真実に近い情報を発信しています。メディアは、このような通信社から情報を買っており、メディアが都合の悪いことは発信していません。ですので、通信社の情報を直接見るようにしてください。

3 友人・知人から入ってきた情報はガセネタと思え

個人投資家の周りには、同じく株式投資を行っている人は多いでしょう。お互いに情報交換をしているかもしれません。しかし、友人・知人の情報がどこまで信憑性があり、信頼していいのかについては、判断は難しいと考えます。また、株を始めていない人に対して「株をしてみない？」という誘いは、詐欺かもしれないと疑うべきです。なぜなら、株式の情報において個人投資家が手に入る情報はごく一部に限られており、他人に勧めるほどの知識はないはずなのです。

その理由を例を含めてもう少し詳しく説明しましょう。

ある日、あなたは電車に乗っていました。そこで隣に座っていた一般主婦が話している内容を聞きます。その内容は、普段は株式投資を全くやらない主婦が「○○の株がいいらしいわよ」と言っていたのです。それを聞いたあなたはその銘柄を買うことにしました。するとその銘柄が大暴落。大損してしまったのです。なぜそのような状況になってしまったのかというと、普段株式投資をやらない人が株をする時期は加熱状態にあり、そこから下落することが多々あります。

人から聞いた情報は「ガセネタ」であると思うことも重要といえるでしょう。

3-1 シークレット情報が一般人から入ることはありえない

株式投資のシークレット情報が、一般人に入ることはありません。それは、たとえば、証券会社の営業マンは株式についての情報を漏らしてはいけないという規則があります。守秘義務を負うことが鉄則なので、個人投資家に「この企業の株価がこれから上がる・下がる」とか「今、この銘柄が売れている」なんていう情報が得られることなんて、あってはならないことです。

また、あなたの友人・知人が、株式投資のプロであればいいのですが、そう呼ばれる人はなかなか現れません。ですので、もし、株で稼げている人が周りにいたとしても、それは偶然であり、さまざまなデータを駆使して得た知識ではないことは明らかです。株式投資で本気で稼ぎたい人は、必ず「プロ」といわれる投資家から学びましょう。

4 テクニカル分析や自動売買ツールを信じるな

テクニカル分析や自動販売ツールなどのAIトレードを信用するのはやめましょう。さまざまなチャートのパターンから予測し、過去のデータを見ながら予想をしていますが、過去のデータからは予測できないことがほとんどです。

テクニカル分析とは、主に株式や為替などの取引市場で、将来の取引価格の変化を過去に発生した価格などの取引実績のパターンから、予想・分析する方法のことです。自動売買ツールは、自動的に取引を行うツールで、あなたの代わりに24時間休むことなく取引を行います。

近年、さまざまな分野でも導入が進んでいるのですが、株式投資においては、これらのデータを信じることはやめましょう。

4-1 過去の株価の延長線上に未来の株価はない　過信しすぎない　素人はカモにされる

基本的にAIに運を任せることは、あなたに合わせた提案をしてくれるため、自分で考える必要はありません。しかし、だからこそ初心者にはおすすめできないのです。知識を身につけなくても投資ができると思ってしまうのですが、勉強せずに投資を始めることは非常にリスクがあります。また、これらのシステムは、長期的な投資を前提としているので、短期的な運用成果を求めている人にも向いていないのです。つまり、空売りにおいては100%不向きといえます。

株価や為替など、値動きのある資産が過去にどのような値動きをしたのかを記したものを、チャートといいます。しかし、チャート分析だけで銘柄を選択したり、予測したりする投資家はいないに等しいでしょう。それは、チャート分析にはロジックがないので再現性に劣るからです。また、さまざまなデメリットも報告されています。

テクニカル分析は、過去の株価の値動きを基に判断しているため、過去には見られなかった突発的な出来事があると対応ができません。たとえば、とある企業の取締役が不適切発言をしたとニュースが流れると、株価が急落することがあります。通常であれば、株価が下げ止まって反転上昇すると判断されるポイントであっても、テクニカル分析は、突き抜けて下落し続けるというケースがあるのです。ですので、不祥事に関するニュースが流れた時には、正しく機能しているのかを確認することが求められます。

また、テクニカル分析の結果が常に正しいとは限りません。予想が外れるケースも多々あります。そもそも、１００％予想が当たるのであれば、投資家全員が大儲けしますよね。損失を出す可能性があることは抑えておく必要がありそうです。

テクニカル分析や自動販売ツールのデメリットについてまとめましたので、ぜひ頭の中に入れておいてくださいね。

●不祥事や天変地異などの臨機応変な対応には向いていない。
●分析方法が複数あるため混乱してしまう。

●過去の株価と未来の株価には相関関係はない。
●売買シグナルは実際の動きからは少し遅れている。
●売買の判断が客観的なものが多く、トレーダーのセンスによって結果が異なる。

4-2 過剰な広告で煽ってツールを買わせるところはこれからも出てくるから知識をつけよう

証券会社やプロの投資家などのホームページには、ネット広告で集客していることもあるため見極めることが重要だと考えています。見やすい広告だと唆られてしまいついついクリックしてしまいませんか。広告にはどれだけ見てもらえるのか、工夫は欠かせません。Webデザイナーや Webマーケターといったマーケティングのプロが手がけていることも多くあります。

つまり、投資のアドバイスが上手なことと集客が上手なことは全く別なのです。

ですので、広告の中でも特に誇大広告には注意が必要でしょう。

5　株主優待目的で株を買うな

株式投資において、株主優待目的で株を買っている人もいます。株主優待でメディアでも取り上げられている個人投資家の桐谷広人(きりたにひろと)さんをご存知の人も多いかもしれません。日本テレビ系『月曜から夜ふかし』という番組で、優待生活を行う人物として紹介され有名になりました。現在では、個人投資家として「ダイヤモンドZAi」や「日経マネー」などに登場しています。

このように、メディアにおいて株主優待で生活している様子を見てしまうと、「わたしにもできるのではないか」と思ってしまいます。しかし、桐谷さんのような生活自体が稀であり、始めから「株主優待」目的の株式投資はやめましょう。

純資産が目的の人とはかなり違いますよね。ちなみに、純資産＝総資産－負債(他人の資産)。自分自身の資産のことを表します。

5-1 株主優待を狙って買ったものの売り時に損をすると意味がない

株主優待とは、企業が株主に対して自社製品や優待券などをプレゼントする制度のことです。上場企業では約半数の企業が、株主優待を実施しています。株価の変動に関係なく優待品を楽しめるのですから個人投資家にも人気があるのですが、株価が下落してしまっては意味がありません。当然、デメリットがあるのです。

まず、配当はお金でもらえるため再投資ができますよね。資産が増えていく複利効果が期待されます。しかし、株主優待は再投資ができません。つまり、使用したらそこで終わりなのです。老後に向けての資産形成を目標として考えるのであれば、株主優待を優先に銘柄を選ぶことは、資産を増やせる可能性は低いといえるでしょう。

また、優待目的の場合は、複数の優待株を買うことでたくさんの優待を得られます。優待株は、最低単元がもっとも利回りが高くなる傾向にあるからです。しかし、銘柄数が増えてしまうとどうなるでしょうか。当然、管理が大変になりますよね。それは、同時に企業の業績悪化などに気づくことが遅れてしまう可能性を秘めています。それから、優待が欲しいばかりに業績悪化しても、損切りができないことも考えられます。業績が悪くなることで、優待の廃止や改悪といった対策をとられることもあるため、冷静な判断ができず大損してしまうのです。

5-2 同じことを考えている人もいるし プロはそういった人たちをカモに狙ってる

優待目的の最悪のデメリットは、株主優待の廃止や改悪で株価が下がるリスクがあることです。実は、株式投資のプロはこの瞬間を狙っています。優待の廃止などがあれば、当然多くの投資家が保有株を手放し、株価が急落します。そこで、プロの投資家たちが一斉に「買い」を行い、株価が一時的に上がったところで「売る」ことで、儲けるということです。つまり、株主優待を目的に株式投資をしている、特に初心者は「カモ」として狙われているのです。

6 成行注文はするな

株式の基本的な注文方法には、指値注文(さしねちゅうもん)と成行注文(なりゆきちゅうもん)があります。

指値注文	株の売買時に値段を指定する注文方法
成行注文	株の売買時に値段を指定しない注文方法

なぜ、空売りには「成行注文」は向いていないのでしょうか。

それは、ＡＩプログラムが高い値を想定してくることがあります。その場合、不利な条件で約定してしまうのです。価格がいくらで約定するのか分からない注文はしないことが鉄則である、特に空売りでの成行注文は危険であると覚えておいてください。

６－１　成り行き注文すると異常に高い価格で約定する　動画セミナーを参考に

成行注文をすると異常に高い価格で約定するのですが、思わぬ値段で買ったり売ったり失敗した人も多いかもしれません。

特に売買が激しく動いている場合には、成行注文をすることはおすすめできません。「値段が分からないから成行注文をしている」「面倒だから成行注文をしている」という考えで行なっているのであれば、お金を捨てていることと同じといえるでしょう。

通常は、相手方の一番先頭の価格で約定しますが、例えば、取引が激しい株式の場合、発注から約定までの間に価格が動いて変わってしまうことがあるのです。

売り手が少ない場合には、直近の株価よりも高い水準で取引される可能性があるため、株価が１０００円であっても１５００円を提示する売り手しかいなければ、１５００円が取引価格になります。

つまり、大量注文が入ると一瞬で株価が変動するということです。

個人投資家が一人で数億という資産をデイトレードしている人も多くいます。そこに機関投資家まで参入してきたら、このような変動はしばしば起こるのです。

成行注文では、予想外の価格で売買することがあるため、大きなデメリットとして考えるべきでしょう。

７「好き」だけでその株を買うな

一般的には自分の資産を大きく増やしたいという目的で株式投資を行う人が多いのですが、その他にもさまざまなメリットを考えて楽しんでいる人もいます。

株価が安かったり、配当金を基準に考えたり、そして応援している企業や好きな企業を買っている人もいるでしょう。

例えば、社会貢献や地球環境などＳＤＧｓに関連している企業や、医療や薬剤などの新たな技術を開発している企業、尊敬している人が経営している企業など。つまり「好き」な企業の株式を購入することも株式投資の楽しみのひとつといえるかもしれません。

投資するだけで自分自身も直接関わっていると感じられることは魅力的です。また、その企業の業績が伸び利益が上がることは嬉しいことです。

ただし、確実に利益に直結することはそうそうありません。企業を応援する、好きだから株式投資をするなら見返りを求めないようにすることです。個人的な想いだけで株式投資をすることは、大損する可能性も秘めていると覚悟することが必要です。

7-1 たまたま利益が出てもそれは再現性がない 次は大損かもしれないから

確かに、好きな企業への株式投資は、その企業の成長に貢献しつつ配当や含み益を得られますが、安易に「好き」というだけではデメリットの方が多いのです。

まずは、好きな銘柄に対して冷静な判断ができなくなります。愛着が湧き過ぎると売る時にも売ることができずためらってしまうこともあるでしょう。

もし買っている好きな企業の銘柄が、たまたま利益が出たとしましょう。しかし、それはむしろ偶然であり再現性はありません。次は大損する可能性もあるため「利益を得る」ことを重視して買うことはおすすめしません。これらのデメリットを踏まえたうえで、株式投資を慎重に行うことが不可欠といえます。

第5章

人間の心理と株価下落が連動している理由

1. 人間の脳は3つの構造
2. プロスペクト理論が教える人間の行動原理
3. 長期含み損を抱えている人の心理
4. 株式市場における人間心理とチャートの相関関係
5. 人間の脳の構造は未来も変わらない

1 人間の脳は3つの構造

株式投資は、心のコントロールも必要だということは先述しました。その人間の心理には、脳が大きくかかわっています。第6章では、株価下落における心と脳について考えていきたいと思います。

人間の脳は、一番奥から爬虫類脳（はちゅうるいのう）、真ん中が哺乳類脳、表面に人間脳と３つの構造から成り立っています。

爬虫類脳には、自律神経の中核である脳幹（のうかん）、大脳基底核、脊髄によって成り立っています。

人間の脳は３つの構造

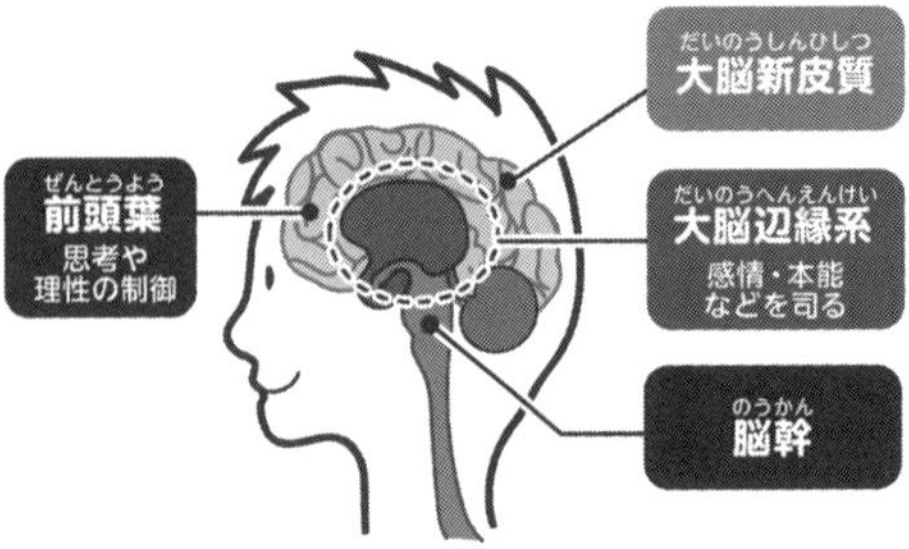

画像参照元：日経 Gooday
https://gooday.nikkei.co.jp/atcl/report/16/070700034/071400003/?P=2

これは、交感神経や副交感神経をコントロールし、その役割は生命維持を担っています。

1-1 大脳新皮質：じっくり考える脳

人間の脳の一番外側にあるのが大脳新皮質というもの。ここは理論的な思考を司っています。つまり、じっくり考えることは、この大脳新皮質で行われているのです。

両生類や魚類にはないため、人間や猿のような生物には大脳新皮質があります。つまり、「論理的に考えることができる」ということです。

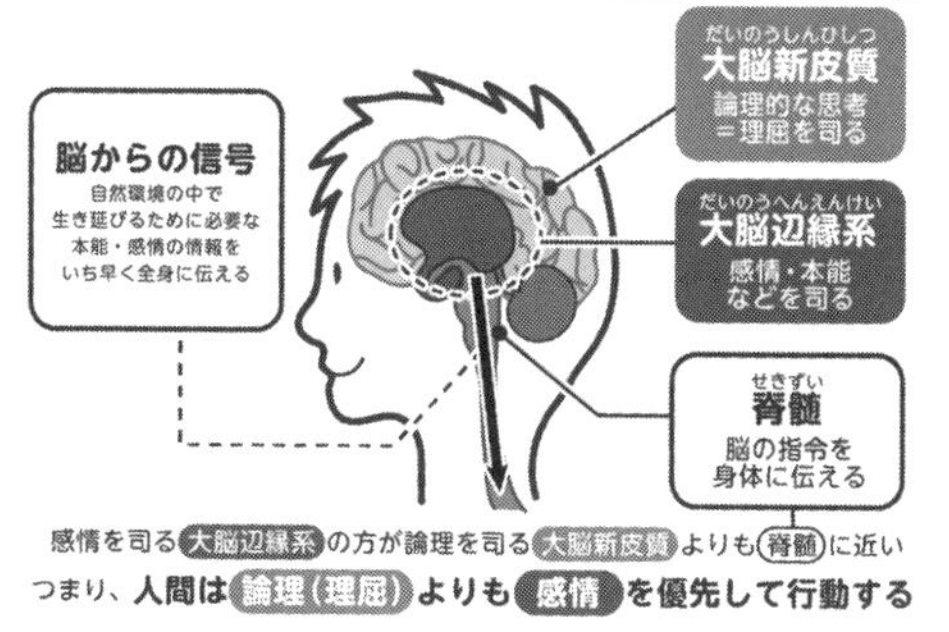
人間の脳の仕組み
大脳新皮質《だいのうしんひしつ》
論理的な思考
＝理屈を司る
大脳辺縁系《だいのうへんえんけい》
感情・本能
などを司る
脊髄《せきずい》
脳の指令を
身体に伝える
脳からの信号
自然環境の中で
生き延びるために必要な
本能・感情の情報を
いち早く全身に伝える
感情を司る大脳辺縁系の方が論理を司る大脳新皮質よりも脊髄に近い
つまり、人間は論理（理屈）よりも感情を優先して行動する

画像参照元：士業の学校：プレスクール
https://sigyou-school.biz/pre/blog/business-skill/closing-talk/

1-2 扁桃核：好き嫌い、楽しい、怖いなどの感情を左右する脳

猿は物心ついた頃から蛇が怖いといいます。ところが扁桃核を切るとパニックには陥りません。逃げたりするどころか平気で口に持っていくというのです。

つまり、嫌い・恐ろしいといった本能的な感情が消えてしまうのでしょう。人間が仕事をサボりたくなったり不安を感じたりしてしまうのも扁桃核の仕業です。

扁桃核が作り出す感情は、動物の生存確率を高めるといわれています。人間などの動物が食べ物を確保するために行動することは、扁桃核が喜びを得られるからなのです。また、人の好き嫌いも扁桃核によって決

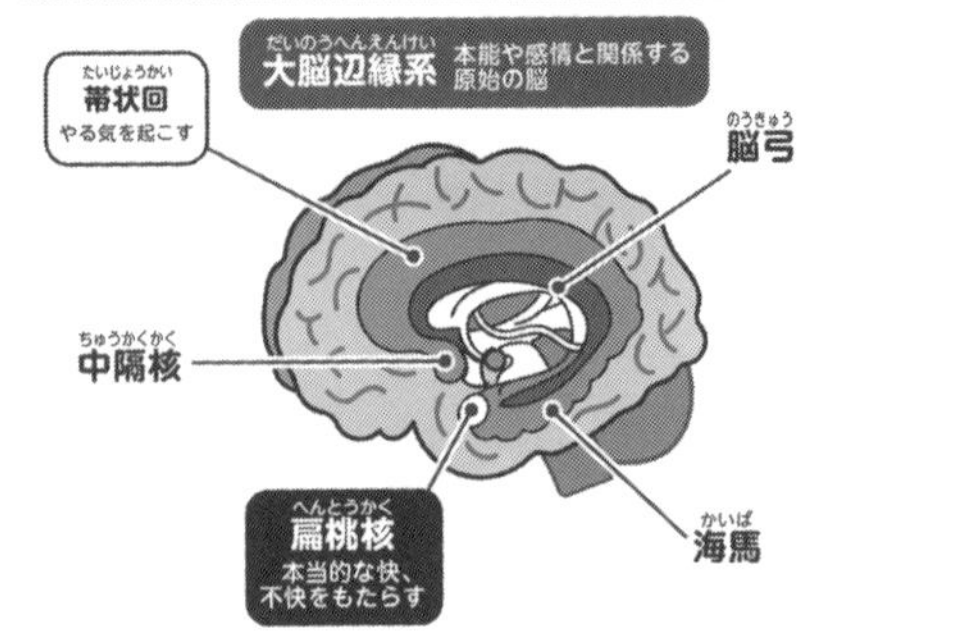

画像参照元：ベンチャー
http://haruka-tenmei.blog.jp/archives/84491873.html

まります、ですので、好き嫌いは理屈では説明できないということですね。

1-3 脳幹（のうかん）：生きるためのシステムの脳。呼吸、鳥肌、反射神経、睡眠

脳は、生物のからだ全体をコントロールする非常に大切なところなのですが、その中で脳幹（のうかん）は、呼吸など生命をコントロールする働きがあります。

脳幹は、中脳（ちゅうのう）・橋（きょう）・延髄（えんずい）・間脳（かんのう）にわかれています。

まず、中脳や橋、延髄では呼吸をしたり心臓を動かしたり、平衡感覚を調整したりしています。そして、間脳、視床（ししょう）、視床下部（ししょうかぶ）、脳下垂体（のうかすいたい）は、食べ物や水を欲する

脳の構造と働き（機能）

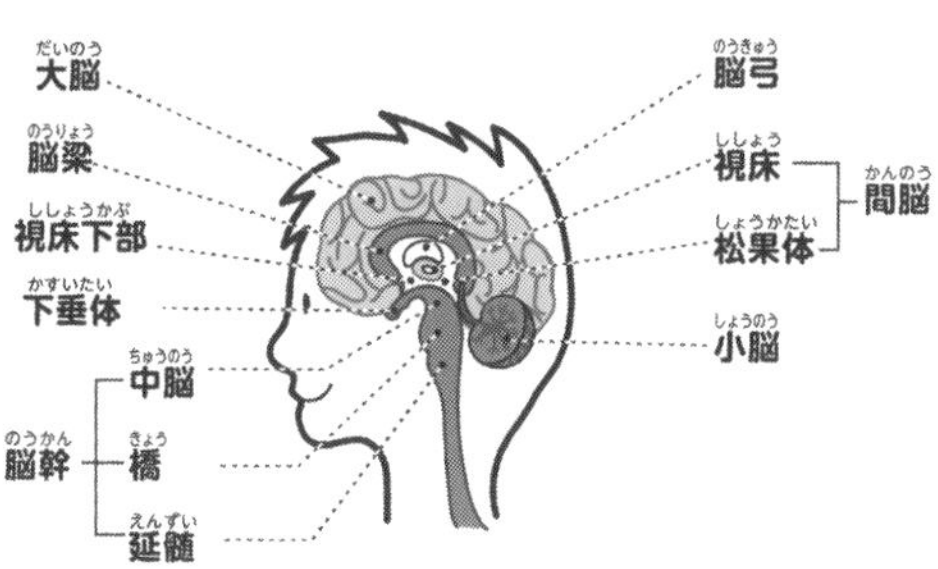

画像参照元：サバイバーシップ
https://survivorship.jp/brain-metastasis/structure/index.html

刺激や、体温を一定に保つ働きをしています。ホルモン調節も行なっています。
脳幹につきましては、例を参照にもう少し分かりやすく説明します。

1-3-1 ペットボトルが落ちる時に手が出る 車が来たら瞬時に体が逃げる

あなたはペットボトルの水を飲んでいます。その時、ふと手を滑らせペットボトルを落としそうになりました。このような状況になると、多くの人は咄嗟に手を伸ばしペットボトルが落ちないようにするのではないでしょうか。また、車が猛スピードで自分の方へ向かってきたら瞬時に逃げますよね。

これは、反射神経といいます。そもそも神経には中枢神経と末梢神経があり、さらに末梢神経には、運動神経、知覚神経、自律神経に分けられます。実は、反射神経という名の神経は医学的にはどこにもないようです。ただし、「ものをつかむ」「咄嗟にものからよける」という反射神経は、刺激を受けた時に脳で意識せずに無意識に素早く身体を反応させることを意味し、医学用語の「反射」に近いのです。つまり、特定の刺激に対して意識されることなく反応が起こるとされています。

1-3-2 心臓の鼓動が自動的に早くなる

運動など体を動かすことで心臓の鼓動が早くなることはあります。また、驚いたり緊張したりすると、自動的に鼓動が早くなることもありますよね。この現象も脳幹と大きな関係があります。

私たちの身体のほとんどは、脳や脊髄からの命令がなくては動くことはできません。それは、ほぼ神経を介しています。しかし、心臓は特殊で脳や脊髄からの神経伝達を遮断しても一定のリズムで動き続けています。このことを、心臓の自動性といいます。

心臓の上の部分を「心房」、下の部分を「心室」と呼びますが、特に左心室は、全身に血液を送るポンプとして非常に重要な役割をしています。

刺激伝導系の電気信号の伝わり方

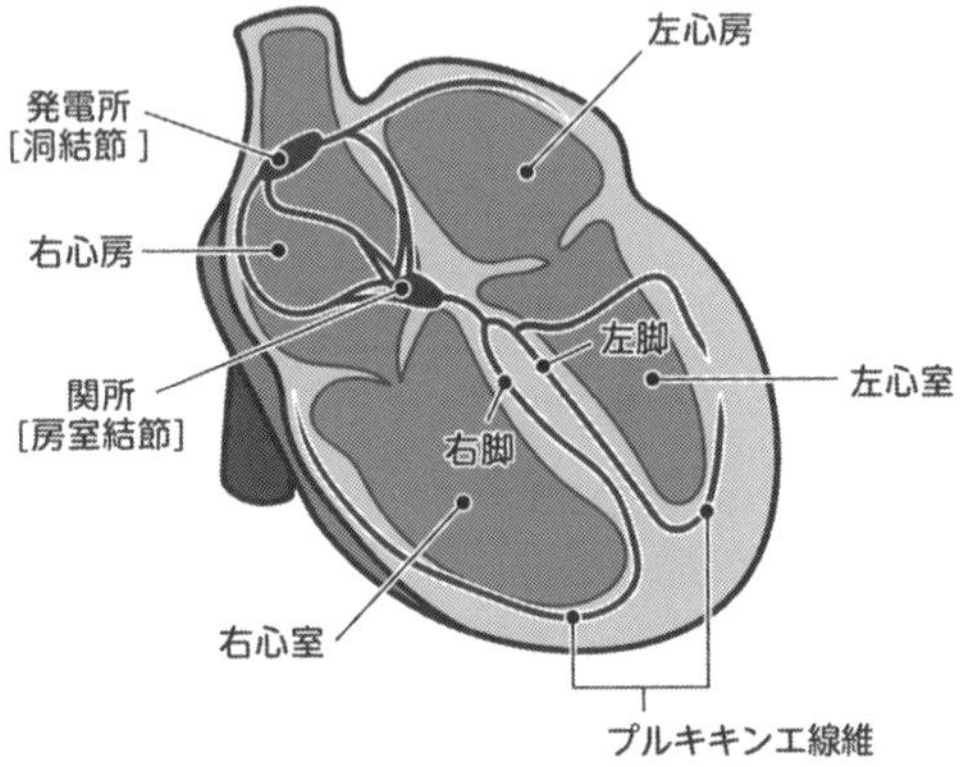

画像参照元：Minds ガイドラインライブラリ
https://minds.jcqhc.or.jp/n/pub/3/pub0047/G0000543/0003

心房の電気は、関所を通って心室に伝わるのですが、関所では、心房に異常に早い発電が起きても、すべての興奮状態を心室に伝えないようにしています。例えば、心房で1分間に300回の異常発電が起きても、関所で3回に1回のみ異常発電を伝えれば心室の興奮は100回／分になります。

驚いたり緊張したりといった異常興奮の主な原因の場合は、関所を通るため、食い止めてくれているのです。

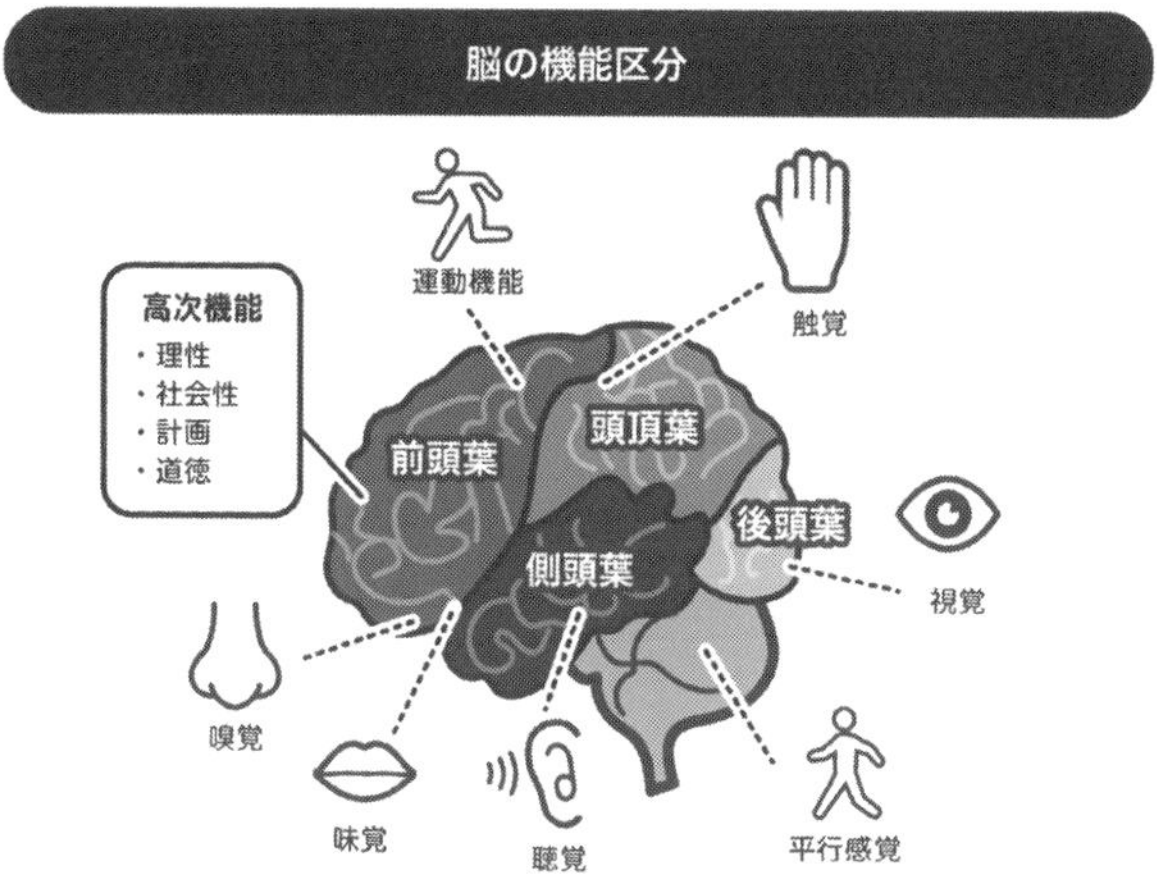

画像参照元：医療法人悠悠会リハビリテーションいそ
https://iso-clinic.jp/rehab/archives/529

2 プロスペクト理論が教える人間の行動原理

プロスペクト理論とは、人間は与えられた情報からその事象が発生する確率を、歪めて判断してしまうということです。利益や損失にかかわる意思決定のメカニズムにおける行動経済学の理論です。

そもそも、プロスペクトは、例えば「今後の株価の状況は、どうなるのだろうか」という問いに対して、評論家は「上昇する/しばらくは動かない/下落する」という見通しを立てますよね。この見通しがプロスペクトです。

説明として分かりやすいため、よく例として用いられるのが「宝くじ」。宝くじに当選し、数億円を手にできる確率は限りなく低いでしょう。10万円でも難しいといわれています。それでも、人間は宝くじを購入します。なぜ、購入するのでしょうか。それは、「当たるかもしれない」と思っているからなのです。「自分でも当たるはずがない」と思いつつ、「今回は当たる」ことを信じて、つまり歪んで認識しているからこそ、宝くじを買ってしまいます。

そして、プロスペクト理論では、「人は損失を避けようとする習性がある」と考えられています。株式投資と関連付けて、詳しく解説していきましょう。

2-1 人はポジティブなことよりもネガティブのほうが2倍ダメージを感じやすい

- 利益：利益が手に入らないというリスクを回避
- 損失：損失を回避

あなたは、目の前の株式に対して当然このように思いながら運用しています。

保有する株式が購入時よりも100万円値上がりしました。もしかしたら、株価は翌日に値下がりする可能性があります。それ以上に、大暴落するかもしれません。この時点で考えていることは、不安、そして「せっかく値上がりした100万円を失いたくない」ということです。そこで、失いたくない100万円を、利益確定のために売りに出します。

ただし、翌日以降も株価は上昇する可能性もあります。保有を続けたのですが、逆に値下がりしました。対象銘柄の状況を確認すると、業績が復活する可能性は少なく、株価が上昇する兆しもありません。このような状況であれば、株式投資の経験が豊富であれば「損切り」をします。つまり、諦めて株を売ってしまうのです。しかし、初心者の場合は、株価の下落が続く保有株を買い増しします。これは、ナンピン買いと呼ばれるのですが、今後も株価が下がる可能性の高い株価の場合には、早急に売り、他の値上がりしそうな株式を購入する方が合理的と考えられます。

「損失を回避したい」という心理が、ナンピン買いを選択してしまうということです。

ちなみに、ナンピン買いとは、すでに購入済みの銘柄が下がった時に、追加で買い増しすることで平均購入額が下がるため、プラスに転じるラインを下げることができるというもの。流れは以下のようになります。

1　100株を1000円で購入
2　価格が900円に下がる
3　含み損が発生し、100円価格が戻らないとプラスにはならない
4　900円で100株追加購入
5　所有株は、200株。平均株価は950円となる
6　株価が50円上がれば、損失解消

一見、良い方法のようにみえますが、場合によっては一撃で大損する可能性があります。波動を利益に変えることとは真逆となり、値上がりすると思っていた銘柄が下がれば、波動を獲る意識を持っていたとしてもあり得ることです。ただし、失敗したにもかかわらず掛け金を増やすことは最悪な方法なのです。失敗をすぐに認めて、ここで損切りすべきということです。

人間は、ポジティブなことよりもネガティブなことからより強いインパクトを受け、その強さは2倍以上ともいわれています。一旦、自分自身の思考をリセットしてよりポジティブな体質になれるよう、冷静にコントロールすることが求められます。

2-2 人は得よりも損をしない方に反応しやすい

人間は、生活をしていくうえでたくさんの選択をしていかなければなりません。無意識に行動をする際、人間は論理的に間違った判断をすることがあります。得をすることよりも損失を回避することを重視する傾向にあるということです。

損をすることが嫌だと「もっと大きな損をしてしまうのではないか」と臆病になりますよね。身近な例で考えていきます。

あなたは、以前から興味のあったミュージカルを見に行ったのですが、予想に反して面白くありませんでした。3時間の演目を、途中30分くらいしたところで席を立つことができますか。多くの人は「チケットがもったいない」と最後まで観劇するでしょう。

損失回避性
得する
損しない
得を求めるよりも損を避ける
人間の心理傾向のこと

画像参照元：PLAN-B
https://service.plan-b.co.jp/blog/marketing/11273/

途中で席を立った人が損をすることは「チケット代とミュージカルを見た30分の時間」と考えられます。これに対し、最後まで観劇した人は「チケット代と3時間の時間」を損したことになります。つまり、支払い済みのチケット代においては、途中で席を立とうが立てまいが戻ってはきません。この場合、「チケットがもったいない」という理由でミュージカルを見続ける方が時間を無駄にし、大きな損をしているといえます。

このような行動を心理学用語で「サンクコストの原理」といいます。この原理につきましては、3-1にて後述しています。

「得を求めるよりも損を避ける」人間の心理傾向を損失回避性ともいいます。

株式投資では、そんな傾向が顕著に表れてしまいます。リスクがあっても儲けたいという気持ちよりも、できれば損することを避けたいという気持ちの方が強く働きます。

とある銘柄を購入し価格が上がりました。この時、2つの気持ちが生まれます。

●まだ上がるかもしれない
●今売らないと下がるかもしれない

つまり、期待感と不安感の両方が入り交じった感情です。損失回避性の強い人は、「下がるかもしれない」という気持ちが強くなり、ほとんどの人は後者ということになります。

逆に価格が下がった場合はどうでしょうか。

●損を確定することができずに持ち続ける
●心理的にパニック状態となり慌てて売る

つまり、持ち続けることでさらに下落したとしても、我慢することになります。そして、下落の最終局面で慌てて売ってしまいます。大概は、その後株価が上昇することが多いのですが、それは、最後に売る人がいなくなるため、株価が自然に上がることは当然なのです。

2−3 プロスペクト理論の図

同金額で損をした場合、得をした場合の約2・25倍の価値を感じるといわれています。また、動く金額が大きくなるほど、もたらされる価値感(嬉しさ/ガッカリ感)の振れ幅は小さくなります。

図によると「価値関数」はS字カーブを描いています。ちなみに、価値関数は、「価値

プロスペクト理論

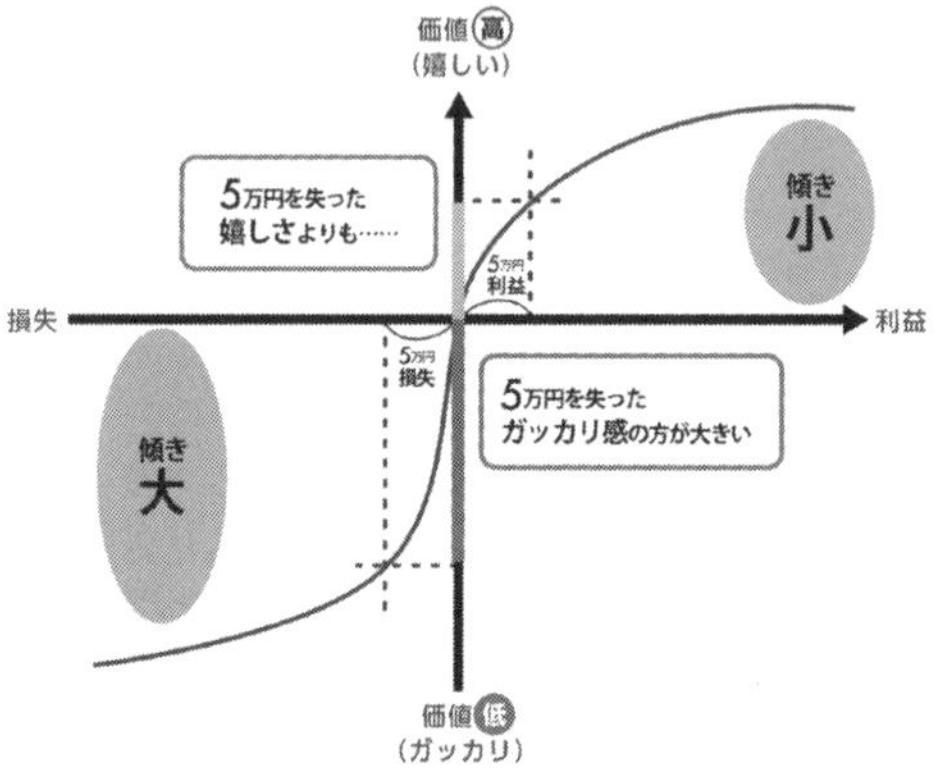

画像参照元：STUDY HACKER　https://studyhacker.net/prospect-theory

の感じ方のゆがみ」を表したグラフのことです。利益が出ている時には安定志向となり、損害が出ている時には「リスクを冒してでも利益を得ようとする心理」が働きやすくなるのです。

3 長期含み損を抱えている人の心理

株式投資をした銘柄が損失してしまった場合、「選んだ銘柄が間違えだった」「投資しなければよかった」「これからどうしたらいいのか」など抱える悩みは人それぞれです。そんな時に含み損を抱えている人には、行動パターンがあります。その中の一つの行動が、長期含み損を抱えるという心理。

長期間続けて運用を行なう人は、「無理をしていない」ことが前提です。適切な購入タイミングをみて運用を続けているのです。焦らずに資産を増やし、やがて運用する金額を大きくしていきます。

空売りの場合にはそうはいきません。保有している銘柄が買値よりも大幅に下落し、その状況で売却した場合に損失が大きくなります。このような売るに売れない状況を「塩漬け(しおづけ)」といいます。ここでの心理は、「売れば損が確定するため避けたい」「持っていれば価格が戻るのではないか」という期待感です。

実際に、時間をかけて株価が戻るケースもありますが、何十年待ち続けても価格が戻らないことの方が圧倒的に多いのです。いくつもの銘柄を塩漬けしておくことで、結局、投資資金が動かせなくなってしまいます。このような投資家の心理は以下のように働いています。

1　利益が出ている銘柄は、早く決済したい
2　損をしている銘柄は、損がなくなるまで持っていたい

この二つの心理によって、最終的には勝てなくなってしまうのです。


逆に、安定している投資家は、よりエッジのある銘柄を常に保有しています。その方が、上昇するよりも確率が高いと考えているからです。一旦塩漬けになると、売って他の優良株を買いたくても現金化がしにくい状態となり、タイミングを逃してしまいます。

空売りは、6ヵ月間という期限が設けられています。早めの損切りが重要といえるでし

ょう。

3-1 サンクコスト効果 「もったいない」という心理＝長期含み損

サンクコスト効果とは、すでに支払い済みのコストに気を取られ、合理的な判断ができない状況に陥る心理効果です。2にて紹介したミュージカルの例についても、「せっかくだから」「もったいないから」などの理由で意思決定をしている典型的な例といえるでしょう。

まず、サンクコスト(埋没費用)について考えていきます。

サンクコストとは、「すでに支払ってしまい、取り返すことのできない金銭的・時間的・労働的なコスト」のことを指します。つまり、サンクコスト効果は、「すでに支払ったコストを取り戻そうとする心理効果」のことです。株式投資においては、費用、労力、時間

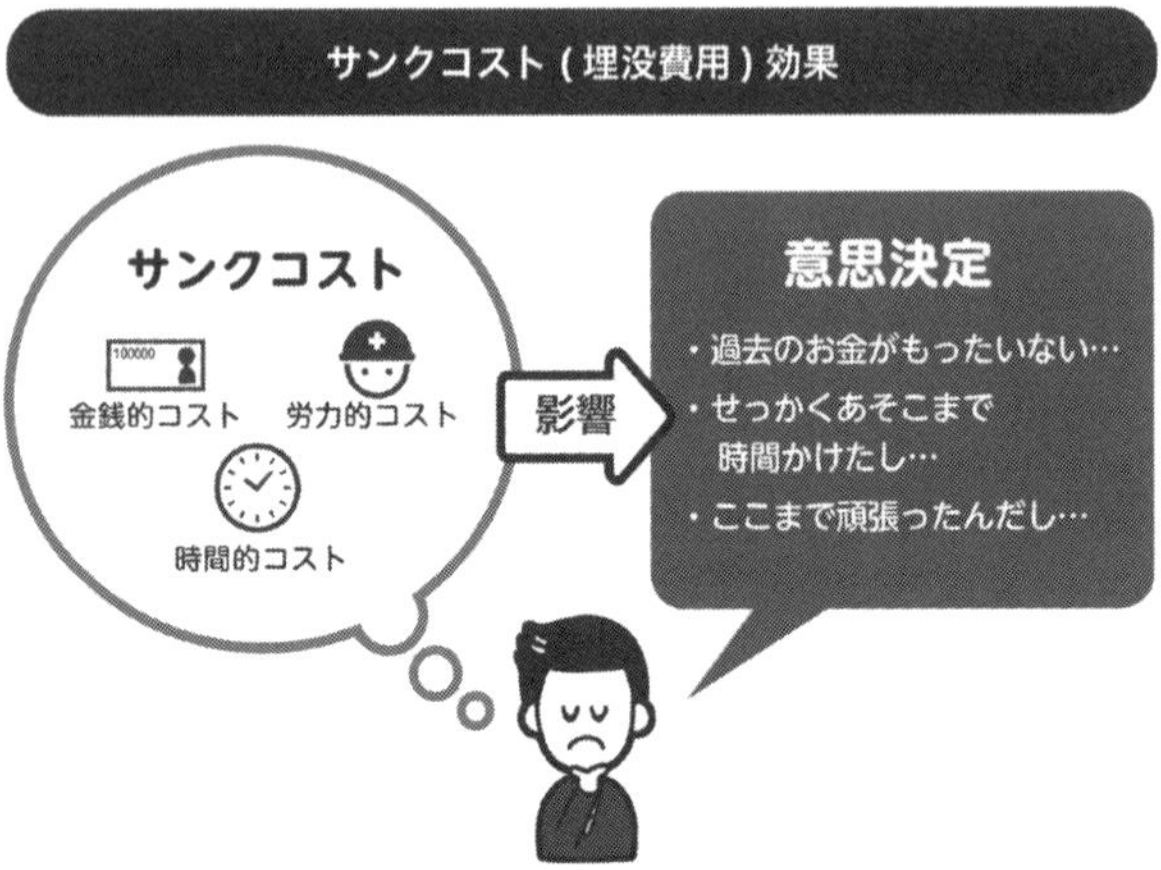

画像参照元：マケフリ　https://makefri.jp/marketing/7242/

のことを主に指しています。過去に業績の良かった銘柄を買い、その後の業績が下がっているにもかかわらず、それを認識しつつも切り捨てることができない。つまり、「もったいない」という心理は、証券取引においては非常に非合理です。「損切り」という意思決定が求められるのです。

4 株式市場における人間心理とチャートの相関関係

急騰を続けるチャートを見続けていると、これからもどんどん上昇しそうと考えます。逆に下落していると、どこまでも下がりそうに感じます。そんな時に、投資家の役に立つのが「上値抵抗線(うわねていこうせん)」と「下値支持線(したねしじせん)」。

上値抵抗線とは、過去の株価の高値と高値を結んだ線のことで、英語で「レジスタンスライン」といいます。この水準まで上昇することで、心理的な節目として売り圧力が高まります。では、なぜそこが心理的な節目となるのでしょうか。

上値抵抗線は、過去の売りと買いの勢力が互いに競い合ったポイントであるため、高値掴みをし塩漬けとなった投資家たちが、売りをどんどん仕掛けます。そのため、一旦は売り圧力が大きくなります。

トレンドラインの基本的な読み取り方

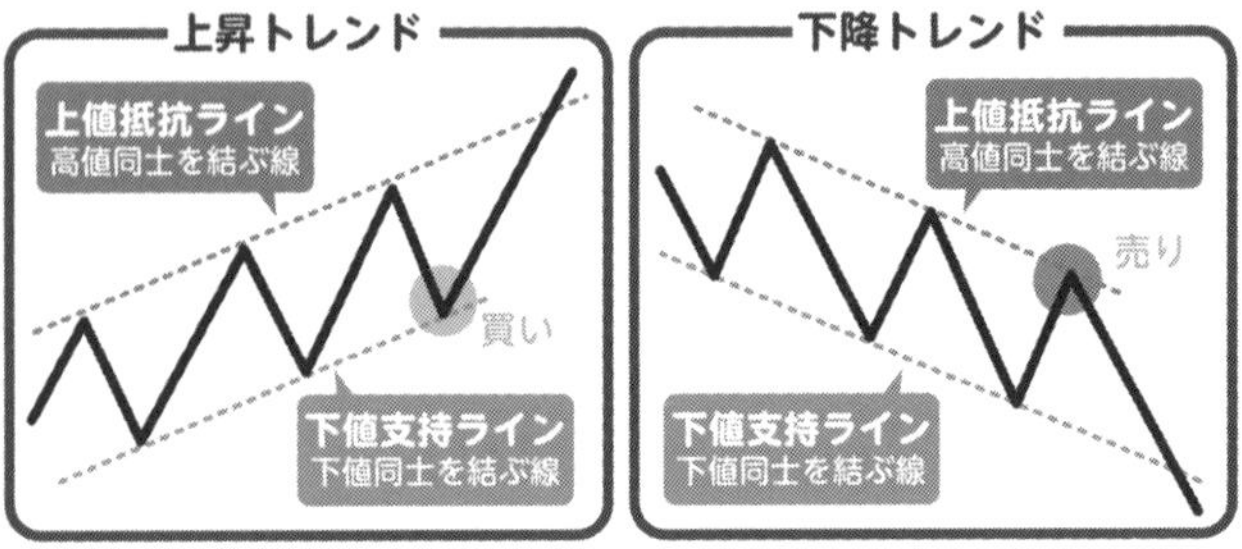

画像参照元：SMBC 日興証券
https://www.smbcnikko.co.jp/products/stock/margin/knowledge/011.html

インターナルトレンドライン

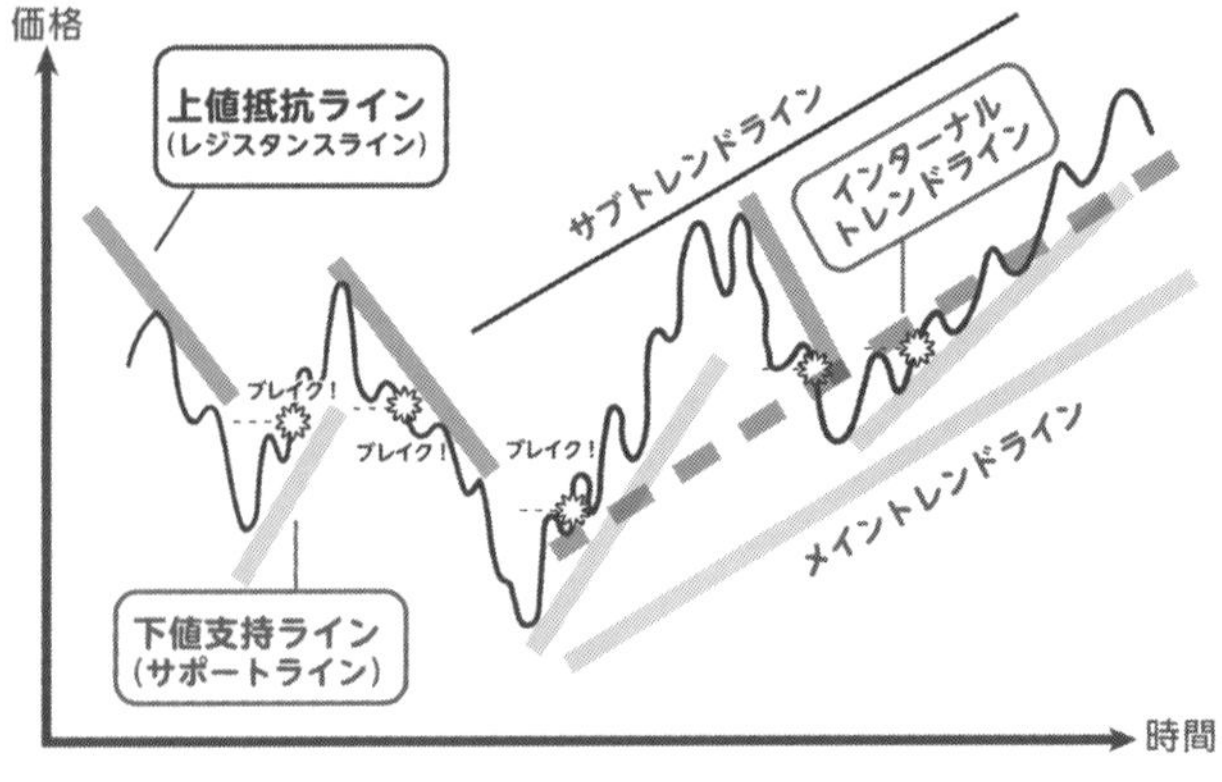

画像参照元：お金のキャンパス　https://money-campus.net/archives/3610

または、前回のチャートの頭をつけたところで、「達成感」「ここまで感」が急速に意識されるでしょう。すると、徐々に戻り売りが出始め株価の頭を抑えられ折り返します。

株価の動きは、大衆心理が表れますので、上値抵抗線と下値支持線が意識されるのであれば、チャートとなって株価に表れるといえます。

ちなみに、相場の本質的な傾向を指すラインのことを「インターナルトレンドライン」と呼ぶのですが、行き過ぎた市場心理による極端な高値や安値は除外して、潜在的なトレンドを最適化したラインです。

4-1　人は株を上昇する時よりも下落するほうが大胆な行動に出る

リーマンショック危機以降、米国の景気が拡大を維持していたことで、世界の株式市場は右肩上がりを実現してきましたが、新型コロナウイルス感染症はマーケットに大きな影響を及ぼしました。

投資家としての心理状況は、多くの人が未知のウイルス感染が経済への不確実性に、パニック状態となったのではないでしょうか。どこまで下落が続くのか分からない恐怖が支配していたと思います。将来のために株式投資をしていた人は、このタイミングで株式投資をやめてしまったかもしれません。このように急落や暴落による人間の心理は、以下の二つが考えられます。

1　想定外な急落に恐怖をおぼえ、瞬時的に投資をやめ全額売却してしまうケース
2　長期投資をしてきた人々で、下落する度に含み益が減っていくことを確認し、何とか損失してしまう前に慌てて売ってしまったケース

このケースは、いずれも「もっと下落する」と判断し、焦って大胆な行動をしてしまったといえます。株式投資を始めたばかりの人は短期間で損をし、長期的に投資を続けてきた人は、それまでの投資期間が無駄となってしまったということです。

株式投資は心理戦と言っても過言ではありません。他の投資家と同じ動きや心理状態では勝ち続けることはできないのです。周りが焦っているときほど、冷静でいられる感情のコントロールが必要です。

4-1-1 上昇する時はじっくり考える脳

普段の生活で、株の動きが気になって仕方がない人もいるでしょう。そもそも、株式投資は、値上がりによって資金が一気に2倍にもなります。ギャンブルと同じように、エキサイトしてしまうこともあります。特に初心者にありがちな心理状態なので、このような非日常的な株式投資にのめり込み興奮した状態では、株で勝つことはなかなか難しいことです。

では、どうしたらいいのでしょうか。それは、株価が上昇したときにはじっくりと考えることです。

前頭前野

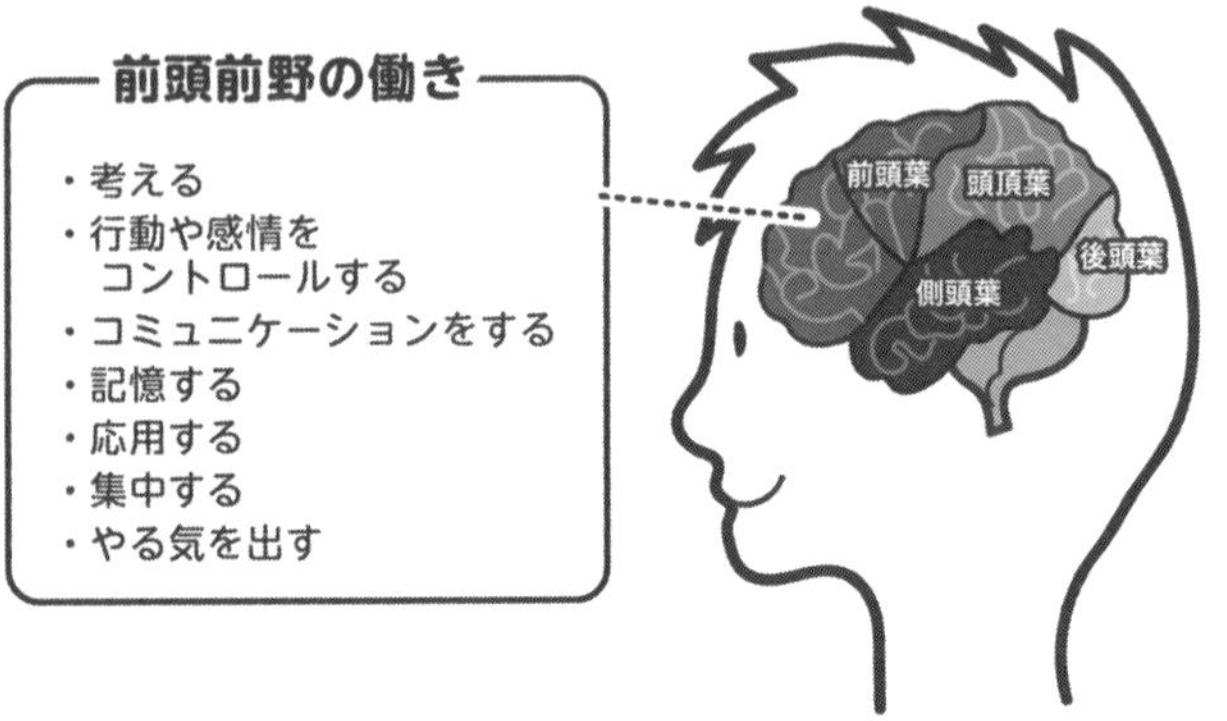

画像参照元：Active Brain CLUB
https://www.active-brain-club.com/ecscripts/reqapp.dll?APPNAME=forward&PRGNAME=ab_brain_detail&ARGUMENTS=-A3,-A201812,-A20181221141722391,-A

脳は、「大脳」「小脳」「脳幹」の3つに大きく分かれていますが、全体の約80%を占めているのが大脳です。大脳は、思考や判断し行動を司る「前頭葉」などがあり、前頭葉の大部分を占めているのが「前頭前野（ぜんとうぜんや）」です。

前頭前野は、「考える」「感情をコントロールする」「判断する」など、人間にとって重要な役割を担っています。逆に、前頭前野が衰えることで、考えられなくなったり、感情的になったり、やる気の低下などにもつながります。前頭前野を鍛えて働きが良くなることで、急落や暴落で驚いている、焦っている感情を上手にコントロールできるようになるのです。

4-1-2 下落する時は、生存本能が反応し逃げるを最優先にする

人間には、根本的な生存本能以外にも「生きていくために自分を守る」という自己保存の本能が二次的本能として備わったといいます。「生きたい」という本能は、生まれつき誰もが持っている本能です。

株式投資をするうえで、人間の感情を理解することは必要です。無意識に周囲に合わせて行動する生物なので、株価が上がれば買いたくなり、下がれば売りたくなるのが自然な行動と捉えられます。

人間の生存本能には「周りと同じ行動をしていれば死ぬリスクが軽減される」という思考回路が脳に組み込まれているそうです。経済的な面で判断できるのなら「株価が下がっ

たら買い、株価が上がったら売る」が正しいと分かっていても、恐怖心を感じたときには、今すぐ逃げたいという生存本能が働きます。下落において、逃げることを最優先に考えることは、生きるための意思決定でもあるのです。

4-2 なぜ下落相場で人は一気に投げ売りをしてしまうのか

下落する時、人間の心理は次のように働きます。

- ●恐怖
- ●逃げたい
- ●怒り

こんな時、売りが売りを呼んでしまい下落を導いてしまいます。

利益になっていれば心理的にも余裕があるのですが、売り注文が続き株価が下落したり、急騰した直後に値を戻したりすると、人間は不安になります。これは、「もう少し早く売っておけばもっと儲かったのに」という過去の経験からつながっていると考えられます。また、逆に、買った銘柄がすぐに値下がりし、含み損の状態になっているとしましょう。下落が続き値が下がっている状況、あるいは、買った直後に急落した場合、人間は「なるべく損失を出したくない」という心理状態になります。

このようなストレスから解放されたいがために、持っている株をすべて投げ売りしてしまうのです。つまり、狼狽売りにつながってしまいます。

株価は、本当の価値と比べて割高か割安か。ただそれだけを判断すればいいのですが、株価がこの瞬間にどう動いたかだけを見て売買している人がいるために、予想以上に上がったり下がったりしています。人間の心理は、正直誰にも、自分すらも正確に読み取ることはできません。投資家は、本来、株価から人間の心理的要因を取り除いた部分を見るべきなのです。今現在の株の状況だけではなく、将来を見込める利益を読み取れるようになることが理想なのではないでしょうか。

4-2-1 未来に対して不安を感じると冷静にいられない

未来に対して、焦り、怒り、恐怖などの不安な感情が溜まると、冷静な判断ができないことは、すでにお伝えしました。

では、冷静な判断ができない場合、どのような対応をしたらいいのでしょうか。それは、脳を鍛えることです。

脳の役割は8つに分けられているのですが、ここでは、株式にかかわりそうな脳の役割を説明します。

前頭葉にあり、アウトプットにかかわる部分では、「思考系」で物を考えたり判断をしています。そして、頭の後方にあるインプットにかかわる部分で、「理解系」により入ってきた情報や物事を理解し役立てると共に、「聴覚・視覚系」で言葉や音、目で見たものから情報を得ているのです。

脳の役割は８つ

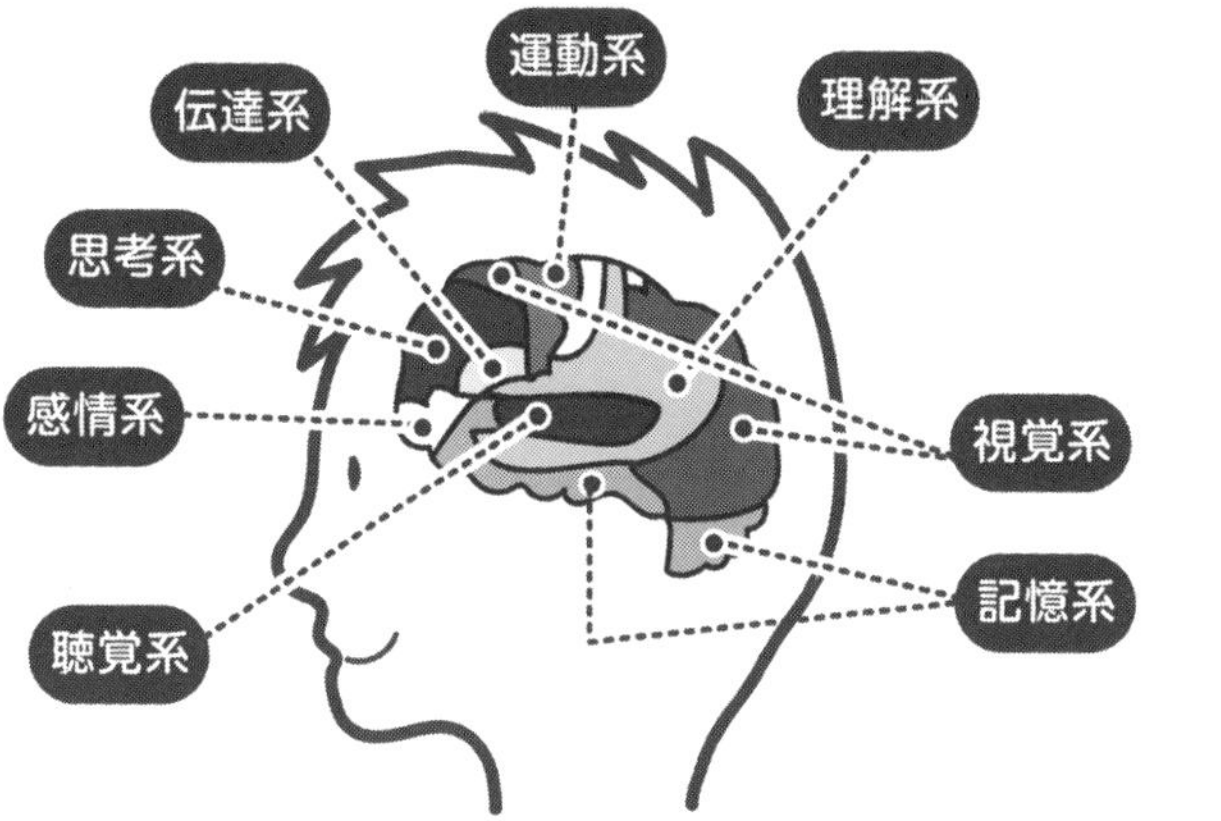

画像参照元：BUSINESS INSIDER　https://www.businessinsider.jp/post-34578

脳は、自在に変えることができるといわれています。理想の株式投資をするために、心理状態をコントロールするためには、あまり使っていない（苦手）な脳を鍛えるようにしましょう。不安を感じて冷静でいられない人は、克服するためにも経験を積み、あえてその部分を使うようにしてみてください。また、株式投資のプロの言葉や目で見たことなど、たくさんの情報を得ることも大切です。ぜひ、実践してポジティブな株式投資を行っていらだきたいと考えています。

4-3 上昇と下落のチャートの違い

株式は、「上がったら下がる」「下がったら上がる」という見方をしてきました。その上がり方や下がり方は、単なる物理的ではなく微妙な値動きの差があります。その差については、過去のチャートを見ながら覚えるしかありません。

空売りをするうえで、株が上がるときと下がるときの値動きの違いにおいては知っておくべきなのですが、まずは、上昇と下落のチャートの違いについて説明しましょう。

チャートとは、1日・1週間・1ヵ月といった期間の株価をグラフ化し、見やすくしたものです。当然、株価を見ただけでは、安いのか高いのかを判断することはできません。そんなときに活用できます。また、相場のトレンドなどを捉えるためにも便利です。

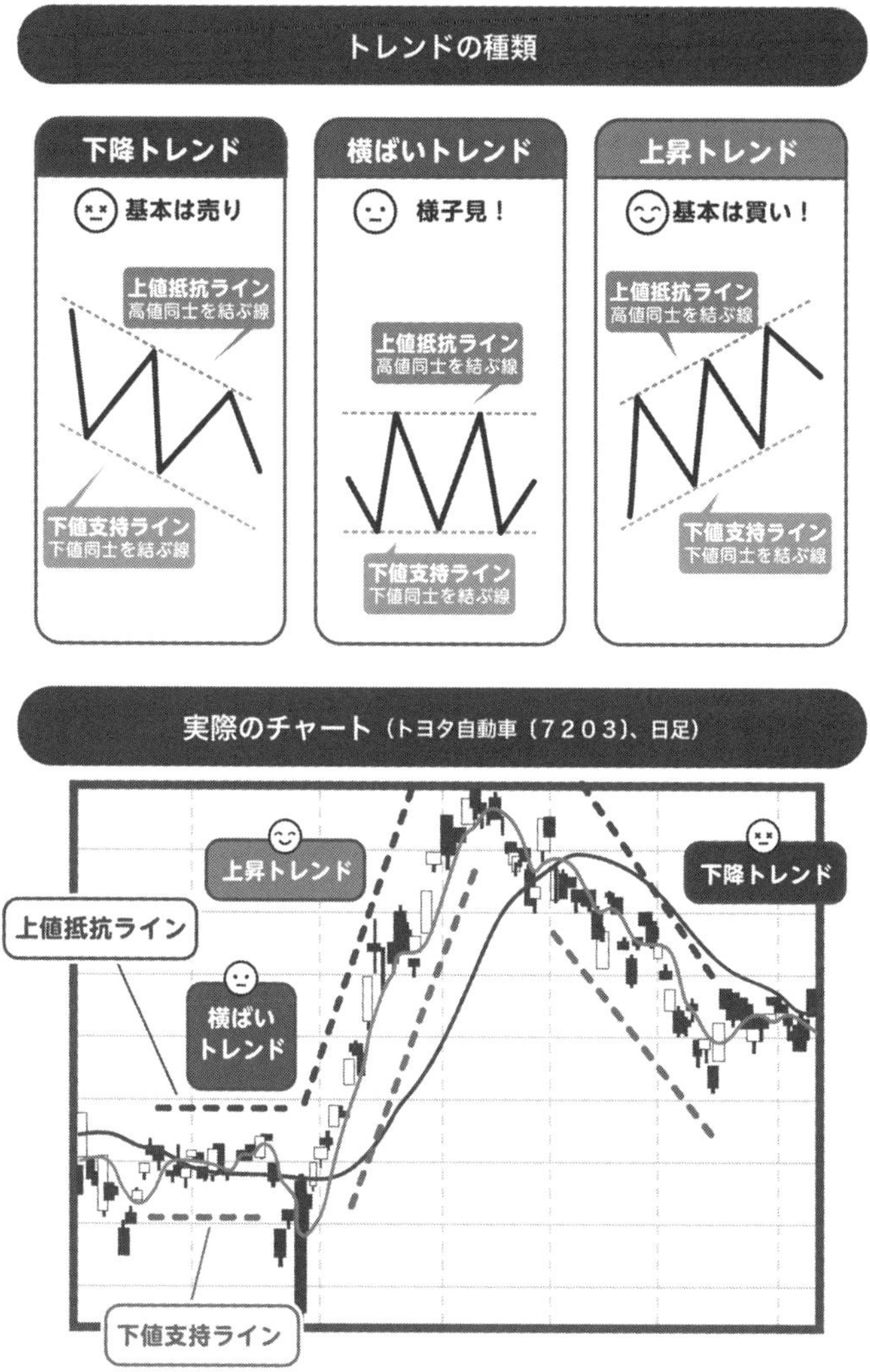

画像参照元：幻冬舎 GOLD ONLINE　https://gentosha-go.com/articles/-/21796

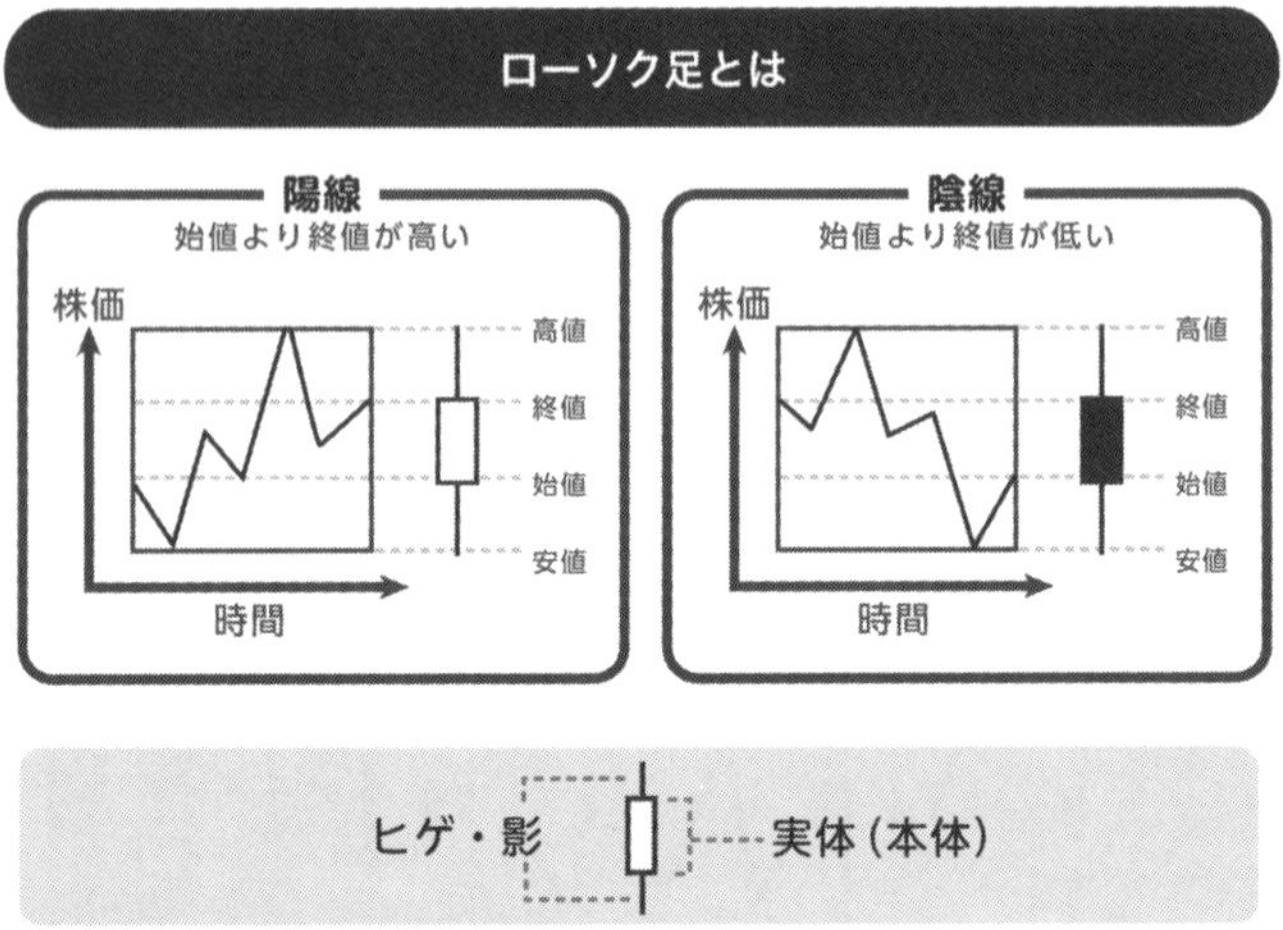

画像参照元：SMBC 日興証券
https://www.smbcnikko.co.jp/first/stock/kiso03/kiso03_3.html

株価チャートの基本である「ローソク足」のチャートをみていきます。

ローソク足とは、始値、高値、安値、終値の株価の動向を示す4本の値段を1本で表しているチャートです。目先の相場展開の予想や強弱を見ることができ、理解できるようになれば、その日の株価の値動きを把握することが可能です。

また、ローソク足が何を表しているのかというと……。

覚える必要はありません。下記の表を参照しながら徐々に慣れていき、チャートを見る際に役立ててもらえたらと思います。

ローソク足	呼び名	意味
	大陽線 (だいようせん)	買い方の大勝利。
	大陰線 (だいいんせん)	売り方の大勝利。
	下影陽線 (したかげようせん)	長い下ヒゲがあり、胴体が短いローソク足。安値圏では、上昇への転換の示唆となり、最終的に買い方が勝利したという解釈。
	下影陰線 (したかげいんせん)	長い下ヒゲがあり、胴体が短いローソク足。高値圏では、下落への転換の示唆となり、最終的に売り方が勝利したという解釈。 安値圏では、上昇への転換への示唆となる。
	十字線	始値=終値であり、さほど値動きがない状態。 転換を暗示している線。

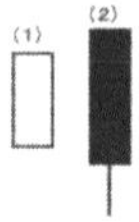	最後の抱き線 (さいごのだきせん)	(1)の陽線を完全に覆い、(2)の陰線が出た状態。 上昇傾向にあり株価が高い状態において、この陰線が出ると、上昇傾向がそろそろ終わることを示している。
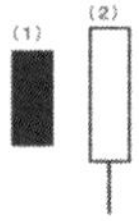	抱きの一本立ち	(1)の陰線を完全に覆い、(2)の陽線が出た状態。 下降傾向にあり株価が低い状態において、この陽線が出ると、下降傾向がそろそろ終わることを示している。
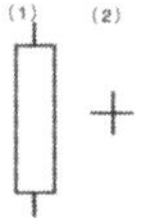	はらみ寄せ線	(1)の線の範囲内で(2)の4本値(始値、高値、安値、終値)が形成されている状態。 2本目が十字線の場合は、流れが転換することを示している。
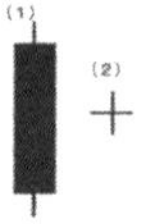	はらみ寄せ線	(1)の線の範囲内で(2)の4本値(始値、高値、安値、終値)が形成されている状態。 2本目が十字線の場合は、流れが転換することを示している。
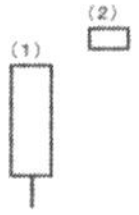	星	(1)の長い陽線よりも(2)の始値が高くなり、(1)の高値よりも株価は下がらず、空(くう)がある状態。 伸び悩みを示している。
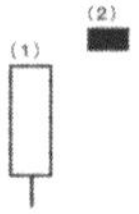	星	(1)の長い陽線よりも(2)の始値が高くなり、(1)の高値よりも株価が下がらず、空(くう)がある状態。 伸び悩みを示している。

	雨だれ (あまだれ)	(１)の長い陰線よりも(２)の始値が低くなり、(１)の安値よりも株価が上がらず、空(くう)がある状態。 これまでの下降傾向がそろそろ止まりそうな暗示。
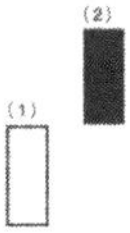	出会い線	(２)は(１)よりも高い値段で取引が始まったものの、終値は(１)の始値と同じ水準になっている状態。
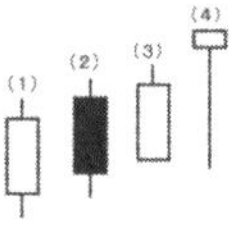	首つり線	長い間上昇を継続しており、(４)はさらに高い値段で始まったが、利益確定売りが出たため、その後押し目買い入り(３)よりも高い値段で終わった状態。このタイミングでは買わない方がよい。
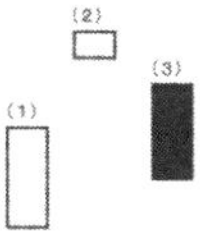	三川宵の明星 (さんせんよいのみょうじょう)	上昇傾向が続いてきており(２)は高い値段で取引を開始したが、上げ幅が大きくならず、(３)は下落した状態。 このタイミングでは売った方がよい。
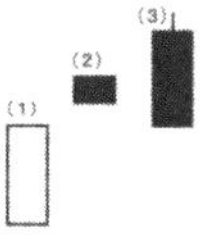	三川上放れ二羽烏 (さんせんうわばなれにわがらす)	上昇傾向が続いてきており(２)は高い値段で取引が開始したが、その後下げて終わり、(３)も高い値段で取引が開始したものの、(２)の終値よりさらに低く終わった状態。 このタイミングでは売った方がよい。

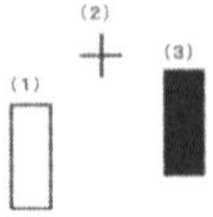	三川宵の十字星 (さんせんよいのじゅうじせい)	(2)は高い値段で始まり、始値と終値が同じで値動きが少なく、(3)は下落した状態。 このタイミングでは売った方がよい。
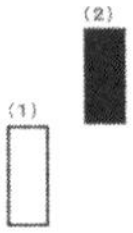	三川明けの明星 (さんせんあけのみょうじょう)	下降傾向が続いてきており、(2)は低い値段で始まり、少しだけ上昇して終わり、(3)は急上昇した状態。 下降傾向が終わり、これから上昇することを示している。
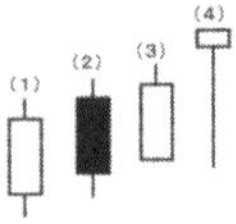	三空踏み上げ (さんくうふみあげ)	3日連続で前日よりも高い値段で取引が始まり、上昇して終わっている状態。
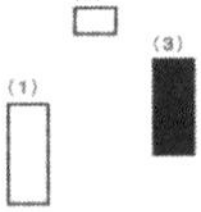	三空叩き込み (さんくうたたきこみ)	3日連続で前日よりも低い値段で取引が始まり、下落して終わっている状態。
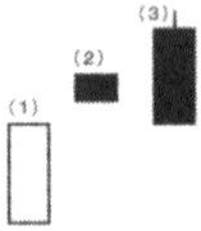	三羽烏 (さんばがらす)	上昇傾向にあり、一番高い水準付近に陰線が出ている状態。 これから下がる可能性がある。

参照元：東海東京証券株式会社
https://www.tokaitokyo.co.jp/otome/investment/stocks/chart.html　を参照に筆者作成

ちなみに、このローソク足チャートは、日本の江戸時代からある伝統的なチャートのようで、現在では、海外でも使用されています。

4-3-1 上昇する時はゆっくり上昇する

株価が上昇し続けるためには、外国人投資家による海外からの資金流入や個人投資家がぞくぞくと株式市場の外から入ってくる必要があります。

新規に資金が流入しなくても、人気のある銘柄は上がります。そして、人気のない銘柄は下がります。だからこそ、不人気の株を売ることが利益につながるのです。

上昇トレンドは、高値は前の高値よりも高く、安値も前の安値よりも高い状態です。一旦このような動きになると長続きします。つまり、当初は想像もしなかったような値段にまで上昇することも期待できます。

上昇トレンド→下値支持線

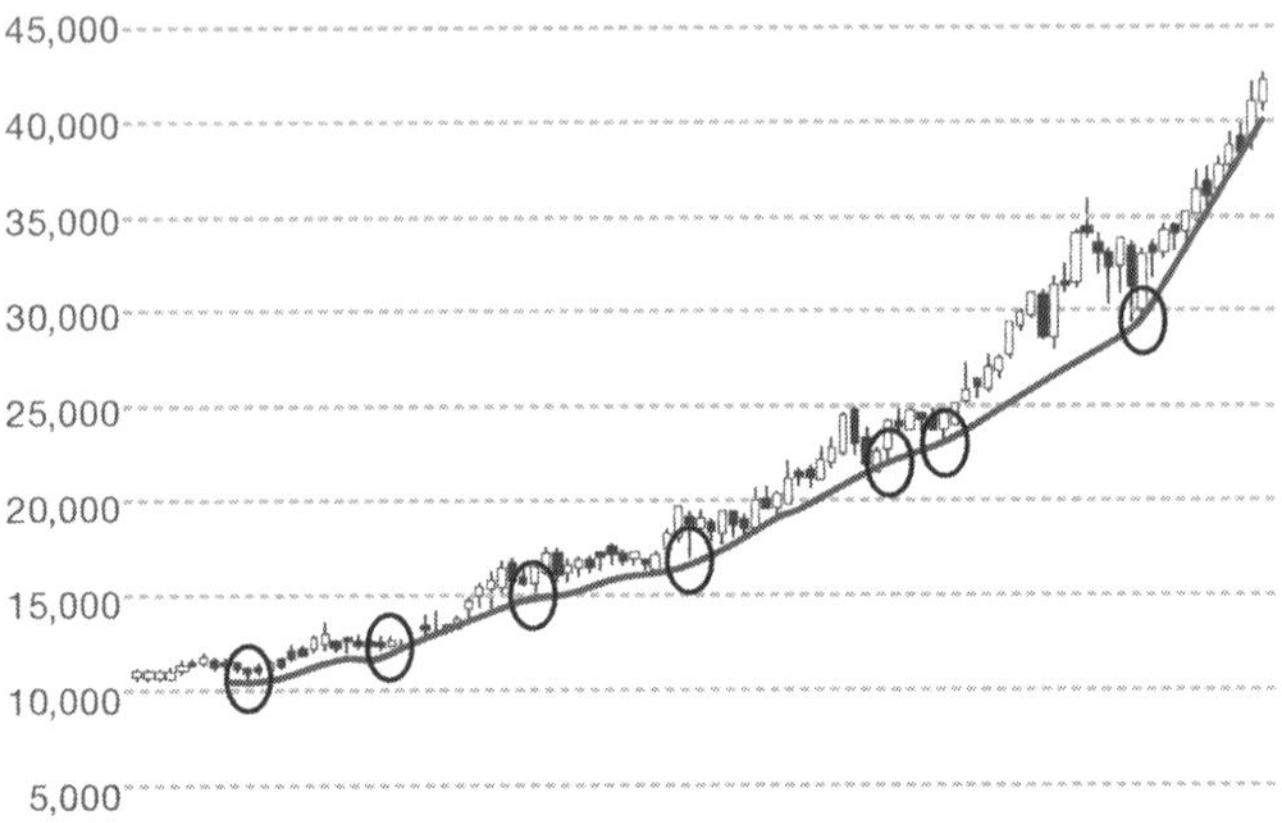

画像参照元：東海東京証券株式会社
https://www.tokaitokyo.co.jp/otome/investment/stocks/chart.html

一度でも株式投資をしたことがある人は、経験していると思いますが、一般論で考えても株は、下がるよりも上がる方が大変です。下がる方が簡単なのですから、買いだけではなく空売りをすることでより利益が生まれ、株式投資に成功しやすいといえます。

4-3-2 下落する時は恐怖の感情が一気に爆発するので下落スピードは早い

株価の取引方法には「指値注文」と「成行注文」があるとお伝えしました。

株を買うときは、「今の値段よりも安くなったら買おう」という指値注文が多くなります。そのため、株価はゆっくりと行ったり来たりしつつ、上昇することが多くなるのです。反対に、株の下落では、日本市場の売買高の65％を占める外国人投資家たちが利益確定することで、それを見た他の外国人投資家や大口投資家による「売りの連鎖」が起こります。投資家たちが楽観的になると株価が上昇し、株価が下がるときには、みんなが悲観的になっている状態です。

リスクに敏感な一部の投資家が不安になって売りを急ぐことで、他の投資家も「大丈夫かな？」と恐怖に駆られパニックに陥ります。つまり、悲観的な感情がうつり、売りを呼ぶ状況になるということです。

下降トレンドは、高値は前の高値よりも安く、安値も前の安値よりも安い状態です。一旦このような動きになると長続きします。つまり、当初は想像もしなかったような値段にまで下落することがあるのです。

株価は、ゆっくりと上昇して、急に下がる傾向が強いため、株を買うときと空売りをす

下降トレンド→上値抵抗線

画像参照元：東海東京証券株式会社
https://www.tokaitokyo.co.jp/otome/investment/stocks/chart.html

るときの売買法にも、違いが生じます。空売りに関しては、第7章と第8章で解説していきます。

5　人間の脳の構造は未来も変わらない

立命館アジア太平洋大学（APU）学長の出口治明（でぐちはるあき）氏の書籍『哲学と宗教全史』の中で、「人間の脳は1万年以上、進化していない」とあります。ただし、退化しているのではありません。

人間の歴史上では、10年、20年くらいの退化はしょっちゅうあるようで、一直線上には進んでいないといいます。3歩前進、2歩後退で差し引き1歩前進と考えておけばいいと出口氏は述べています。

つまり、多少の退化や進化はあっても、基本的な脳の構造は未来も変わらないと考えられるのです。

5-1 今も100年後も脳の構造は変わらない

「神」という概念が生まれたのが約1万2000年前のドメスティケーションの時代といわれています。それ以来、人間の脳は進化していないといわれています。

このことから、100年後と現在の人間の脳の構造は変わらないと想像ができますよね。

言い換えると、株式の過去のデータは裏切ることはなく、株式市場でも歴史を辿れば法則性があるのです。

この図のように、株価の動きは繰り返されています。もちろん、100%の的中率とはいきません。ただし、2、3年ではなく30年間にわたるデータの蓄積結果であれば、非常に高い再現性が認められるでしょう。

日経平均の積立（定時定額）投資効果＜30年の市場実績＞

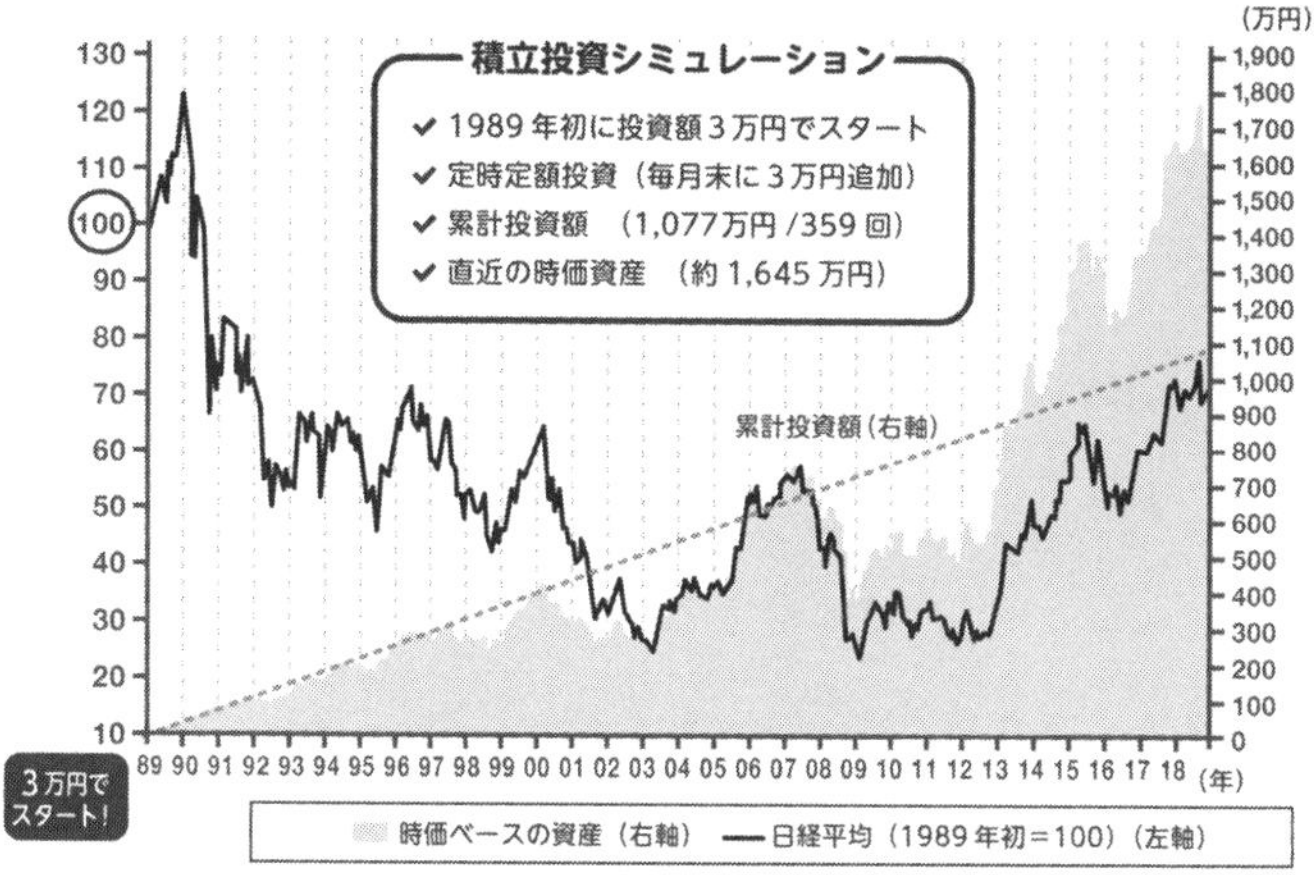

出所：Bloombergのデータより楽天証券経済研究所作成（1989年１月～2018年11月）
https://media.rakuten-sec.net/articles/print/18453

一方、日本株は米国株とある程度連動して動いています。同じく１００％ではなくても、日本株も似た動きをすると考えられます。瞬間的な値動きを見て判断するのではなく、過去の蓄積データから未来を予測することも可能なのです。

5-2 恐怖＝投げ売りの原理原則はこれからも変わらない

株の急落相場において、投げ売りをしてしまう人間の心理ついて説明しました。人間の脳が変わらない限り、この原理原則の変化は望めないということになります。しかし、株価急落時の恐怖と投げ売りを克服するポイントはあります。

●投資の心理を学ぶ

株式投資において、あなたの意見や行為を曲げて、周囲と合わせる行動をとっています。それを、群集心理や集団志向というのですが、相場が上がる下がるなど実証する情報が入ると、ますます信じてしまい冷静に考えることができなくなります。これは、投資に限らず、例えば、友達が持っているブランドバッグを自分も欲しくなり購入してしまう行動と似ています。

日常生活では特に支障はありませんが、株式投資では他人と同じように行動したとしても勝ちにつながるとはいえないのです。

●株価情報だけに目を向けない

テレビや新聞などのメディアの情報は、投資情報ではなく、あくまでも株価情報がメインで紹介されています。多くの個人投資家は、株価情報が正しい情報源と思っている節があるのですが、それは違います。

投資情報は、やはりプロの投資家から教わることが一番の近道ではないでしょうか。

5-3 急落前に空売りを仕掛ければあなたの利益

株は、買いでも売りでも利益を狙えるのに、株式投資初心者ほど「株は買うもの」と思い込んでいる人が多いといえます。

空売りは、信用取引の一つですが、証券会社から株式を借り、決済期日（6ヵ月間）までに買い戻して株式を返却します。そのときの差額で利益を狙う取引のことです。空売りのメリットは、株価が下落する局面になっても利益を得られること。

急落前に空売りを仕掛ければあなたの利益！

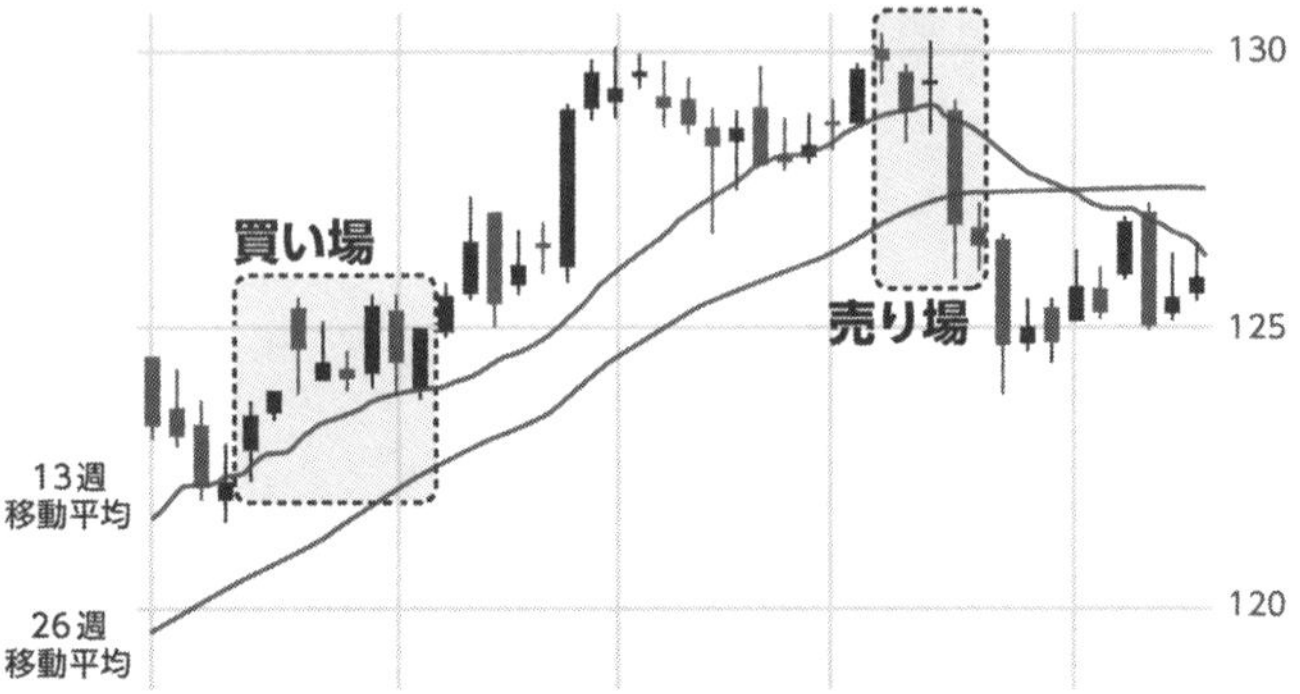

画像参照元：SMBC 日興証券
https://www.smbcnikko.co.jp/products/stock/margin/knowledge/016.html

そして、他にもメリットがあります。
次のページからまとめましたので、順番に確認してください。

■利益額が大きくなる可能性がある

現物株は「買い」しかできませんが、空売りを覚えることで利益を上げられるチャンスが増えます。それは、買いだけだと株価の上昇時でしか利益を上げることができないのです。

どれだけ経験豊富な投資家でも、買いのみのスタイルでは下落相場で利益を得ることは難しいことです。

空売りをすれば、株価が高いときに売り下落したときに買い戻すことで、株価の下落局面でも利益を上げることができるのです。

■機関投資家に便乗して利益を上げやすい

現物株は、機関投資家の巨大な資金による空売りの攻撃を受けやすい状況に置かれます。しかし、機関投資家が仕掛けてくる攻撃は空売りだけではありません。

例えば、人気のない銘柄を機関投資家たちが一気に買うことがあります。そうすることで、それまで低迷していた株価が一気に上昇するのですが、その状況を見た個人投資家は、さらに上がると判断して買います。これが、機関投資家たちの狙いです。

個人投資家たちの小さな買いが集まることを「提灯(ちょうちん)」といいます。この提灯が溜まってきたところで一気に売りに出します。そこで、個人投資家たちの狼狽売りが一気に高まり株価が急落してしまいます。

これが、個人投資家をカモにした機関投資家たちのやり方です。しかし、空売りを覚えれば、そのような急落相場をチャンスに変え、利益を得ることが可能です。

■空売りにより新たな利益を狙えるためメンタルに負担がかかりにくい

空売りを併せれば、現物株が塩漬けになったとしても安心感を得られる可能性があります。

株式投資をするうえで「安心感」は非常に重要な心理です。せっかく老後の資金を貯めるために株式投資を始めたのに、不安や恐怖を抱えることは理にかないません。空売りという選択肢を持つだけで、このような心理状態から脱却しやすくなると考えています。

第6章

増担保規制を理解する

1. 取引所が株価規制をかける理由
2. 過激に上昇しすぎた株を抑制する3つの株価規制
3. 増担保規制とは

1　取引所が株価規制をかける理由

本書をここまで読んでいく中で、「空売り」に興味を持った人も多いでしょう。そこで、第5章では、空売りをするためには知っておくべき「増担保規制」について説明していきます。

まず、株価規制とは、相場の過熱化などを防ぎ一般投資家を保護するために、株価を規制することをいいます。大蔵省や証券取引所はこのような状況になると、株価を規制する措置をとることになるのです。

株価規制をかける理由はいくつかあります。それぞれの詳細を説明していきましょう。

１－１　日本取引所グループ（ＪＰＸ）は急上昇した銘柄に対して株価規制をかける

日本取引所グループ（ＪＰＸ）では、特定の銘柄において相場が過熱し信用残高が急上するなど、信用取引の利用が過度であるとされた場合に、当該銘柄の過当投機を抑制するなどの観点より使用制限の措置を行います。

過当投機（かとうとうき）は、明らかに行き過ぎた投機（将来の価格の変動を予想し、現在の価格との差額を利得する目的で行われる売買）のことを指します。

ここで空売りとの関連性について考えていきます。

空売りの中には、信用取引による売りが含まれていますが、信用取引以外でも株主から株券を借り、売却することも含まれています。

空売り規制の概要

売注文	実売り		自身が所有している株券等の売り
	空売り	信用取引以外の空売り	株主との交渉や契約等により株券等を借りて行う空売り
		信用取引による空売り	顧客が証券会社から株券等を借りて行う空売り

価格規制

株価上昇局面では直近公表価格未満
価格下落局面では直近公表価格以下の価格（執行令26条の4）

	説明	具体例
100円→101円	株価上昇局面なので、**直近公表価格（101円）未満**の空売りは禁止される	102円の空売り…可 101円の空売り…可 100円の空売り…不可
102円→101円	株価下落局面なので、**直近公表価格（101円）以下**の空売りは禁止される	102円の空売り…可 101円の空売り…不可 100円の空売り…不可

当日		翌日	翌々日
規制なし	規制あり		規制なし

▲
基準値段比10％下落

画像参照元：日本取引所グループ　https://www.jpx.co.jp/equities/trading/regulations/02.html

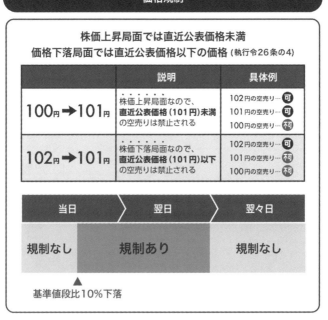

価格規制については次のように禁止されています。

ただし、価格規制は常にかかっているわけではありません。基準下段比で10％以上下落した場合、その瞬間から翌日の立会終了まで価格規制が発動します。つまり、翌々日には価格規制は「なし」に戻るのです。

なお、10％以上下落する日が続くと価格規制が連続してかかるので注意が必要です。

1−2　昔は20倍30倍になった銘柄があって　それに飛び乗って大損した人がいた

みなさんは、アーバンコーポレイションの破綻をご存じでしょうか。これは黒字倒産で起こった事例なのですが、収入が支出よりも大きい状態でも倒産があり得るということです。

黒字倒産に陥る流れをみていきましょう。

例えば現金70万円を持っている会社がA社から100万円分の商品を仕入れます。そしてA社がB社へ150万円で売った場合、通常だと現金70万円が残ります。

しかし、現金70万円しかなく、B社からの入金よりも先にA社への支払が発生するとします。この時、支払額100万円に対して現金が足りないので支払うことができないのです。


株式会社アーバン・コーポレイションは、2008年8月に黒字倒産しました。

その年の最大となる負債総額2558億円で民事再生法の適用申請を行いました。転換社債はフランスのBNPパリバを取引先に発行。調達額は300億円で資金繰り難のアーバンにとって起死回生策だったのですが、それと一体で結ばれた「スワップ契約」についでは情報開示されていませんでした。

スワップ契約とは、経済価値の等しいキャッシュフローを一定期間にわたり、あらかじめ取り決められた条件に従いお互いに交換取引をすることです。代表的な種類は2つあります。

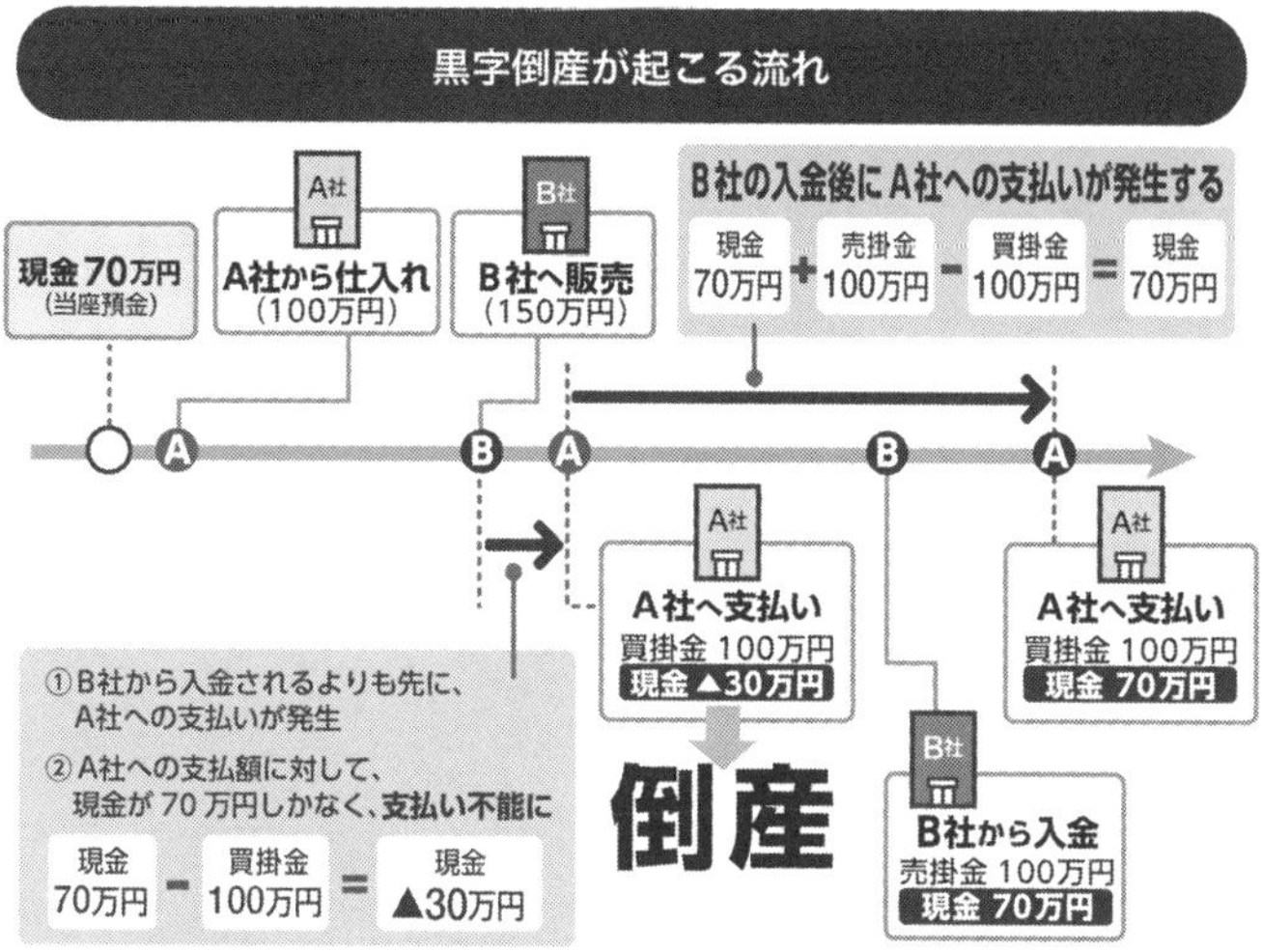

画像参照元：SaaSLOG　https://kigyolog.com/article.php?id=432

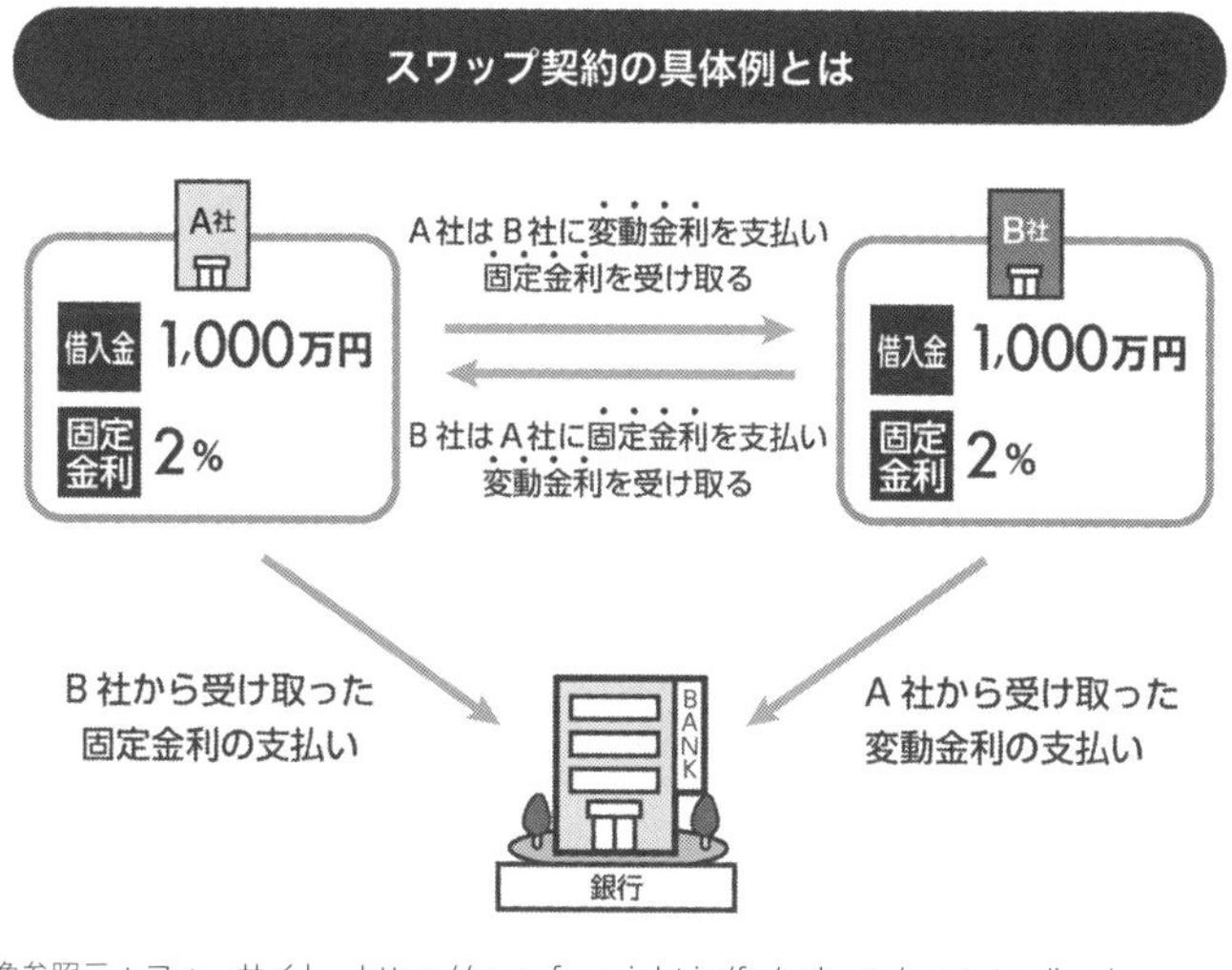

画像参照元：フォーサイト　https://www.foresight.jp/fp/column/swap-trading/

金利スワップ	同一通貨において、固定金利と変動金利など異なる金利の支払いや受取りを交換する取引
通貨スワップ	ドルと円など、異なる通貨の元金利の支払いや受け取りを交換する取引

アーバン・コーポレイションは、転換社債で調達した300億円について、パリバとスワップ契約を結び、想定元本として拠出したのです。つまり、手元には1円も残りませんでした。

アーバン・コーポレイションは、2002年に東証1部に上場。2007年の不動産金融市場が急速に悪化するといった変調が起こり、その後低迷しました。さらには、不動産関連の投資ファンド市場が収縮し、増資が受けられない状況へと陥っていったのです。資金繰りの悪化を止めることができず倒産に至ります。

このアーバン・コーポレイションの破綻はBNPパリバ搾取の構造。つまりBNPパリバの狙いが隠されていました。

まずは、パリバの一般株主としての視点です。

●アーバンが転換社債の発行を発表(取引先…BNPパリバ)
●アーバンが8日の契約完了を公表。
●アーバンがBNPパリバからの300億円の払込完了を公表
●アーバンが民事再生法の適用を申請。スワップ契約の存在を公表

続いては、BNPパリバの行動です。

日付(2008年)	株価	概要
5月頃	600円台	国内外からの機関投資家から468万株を借り「空売り」開始。 ・BNPパリバ東京支店…166万株 ・BNPパリバ・アービトラージ社（子会社）…302万株
6月26日	344円	転換社債の引受公表(アービトラージ者…8721万株)
7月11日	214円	アービトラージ社から300億円の払込。 スワップ契約で300億円を回収。 8721万株の権利行使権を手に入れる。 BNPパリバが3345万株を空売り。

7月14日	200円	BNPパリバが1377万株を追加空売り。アービトラージ社が権利行使。転換社債を普通株式3993万株に転換。アービトラージ社がそのうち3600株を市場外で処分(相手はBNPパリバ)。
7月11日～8月13日	62円	アーバンが民事再生法の適用を申請。スワップ契約の存在を公表。
8月18日	6円	当時の株価。

このようにBNPパリバは、子会社を利用して以下の設立条件を得ているということです。

1 アービトラージ社が301万株、BNPパリバが166万株を空売り
2 転換社債契約、スワップ契約で8721万株の取得権利を得る
3 一般投資家がニュースを見て買いを入れてくるところで、3722万株の空売り
4 アービトラージ社が社債を転換、3993万株(約150億円分)を取得した。そして

　　300万株超を返却
5　アービトラージ社が3600万株をBNPに譲渡。BNPパリバが3600万株超を返却
6　この時点で150億円の回収、プラス空売り分の儲けて150億の社債、92億円が残る
7　倒産したアーバンから150億円の社債額面をたてに92億円以上回収

アーバンは所有不動産の処分も始めていました。さらには、株式公開買付けの話も進んでいましたが、スワップ契約が発覚して頓挫したのです。このことが倒産の引き金となったことは確かです。

1-3 取引所はそういった人を保護したい 急上昇しすぎた銘柄を見つけたら株価規制をしよう

証券取引所は、ギャンブル的要素が高く投機的な取引になりそうな信用取引を、多くの人たちに安全な株式投資を行なってもらうためにも、一定に基準を設けています。

つまり、株価の急騰もしくは急落を繰り返している不安定な銘柄に対して、投資家たちに注意喚起をしてくれているということです。過度な売買を未然に防止するという意味では、必要な規制といえるでしょう。

では、空売りをする銘柄を見つける条件をみてみます。以下の条件に照らし合わせ、空売り銘柄を選びます。

1　チャートの上昇トレンドが崩れている

通常の買いは、「安いところで買って、高くなったら売る」ですよね。しかし、空売りの場合「戻ったところで売り、一段下がったところで買い戻す」ことになります。上昇トレンドが崩れてしまうと、上昇幅は限定的となるのです。

2　信用買い残の水準

これは、銘柄ごとに異なります。信用買い残から信用売り残を差し引いた残高が、2倍を超えてきたら需給に悪影響を与えると考えます。

空売りする銘柄の選び方

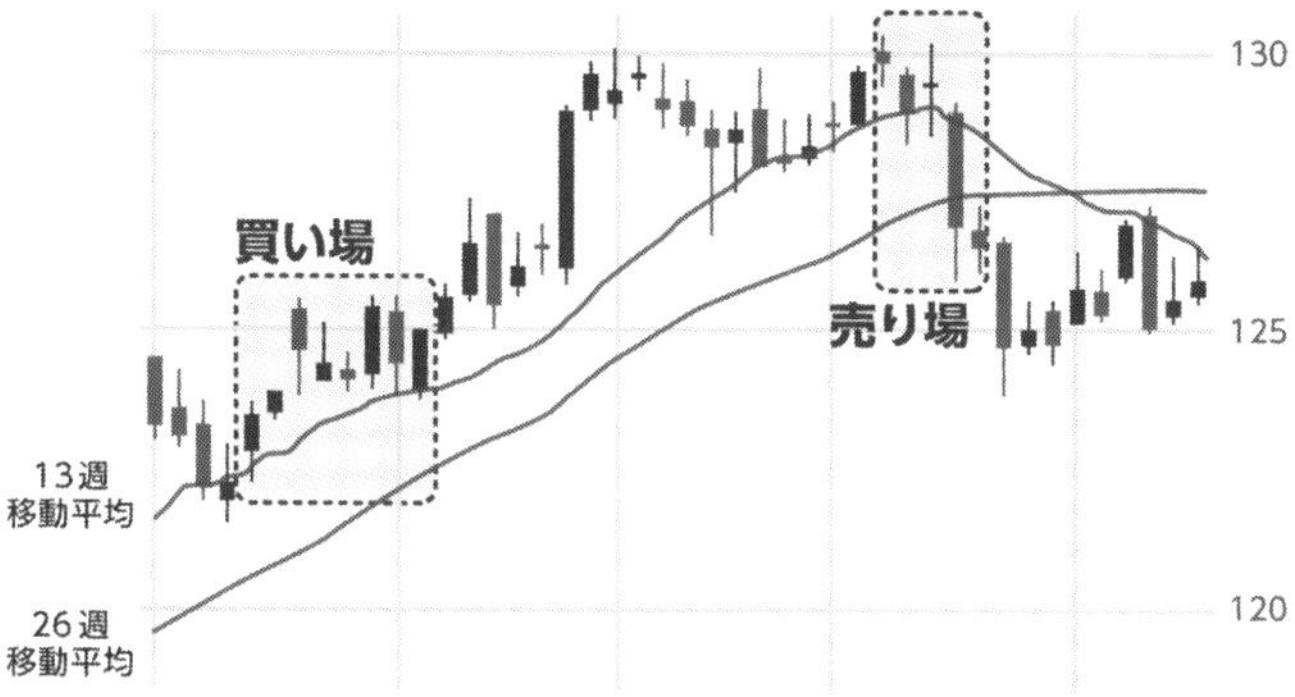

画像参照元：SMBC 日興証券　会場

３　移動平均乖離率が市場平均を上回る

移動平均乖離率（いどうへいきんかいりりつ）とは、株式市場などで現在値が移動平均線とどれくらい離れているかを見る指標のことです。上下５％を目安に「上がり過ぎたら下がる、下がり過ぎたら上がる」と捉えます。

空売りは、株価を意図的に下落させる目的など混乱をもたらしてきた過去があります。そのために定められたのが「空売り価格規制」です。また、２０１３年11月５日より空売りに係る銘柄が一定の条件を満たした際に適用される「トリガー方式」に改定されました。

空売り価格規制が適用されると、解除されるまでは追加の空売りは入れづらい状況となります。この規制をきっかけに、空売りの買い戻しを促すかのように買いが入ることがあります。最終的に株価は企業価値に見合う水準に落ち着くため、株価の過大評価を防ぐ側面があるということです。そして、解除されても空売り残高が膨らんでいる場合には、空売りの買い戻しを期待する買いが断続的に入り、踏み上げ相場に発展することもあります。

踏み上げ相場は、売りに対して買いが少なくなればなるほど、信用取引の売り手が買い手に支払うコストが大きくなり、売り方は窮地に立つ状況です。当然ながら、この買い戻しにより、株価はさらに高くなります。

急上昇しすぎた銘柄を見つけたら株価規制をすることを念頭に入れておくことが重要です。

2 過激に上昇しすぎた株を抑制する3つの株価規制

過剰に上昇しすぎた株式において、抑制する３つの株式規制があります。

1　日々公表銘柄の指定
2　新規空売り禁止規制
3　増担保規制（ましたんぽきせい）

それぞれの詳細をみていきましょう。

2-1 日々公表銘柄に指定

日々公表銘柄とは、信用取引において空売りや信用買いなどにより、大きな損失が発生する可能性がある銘柄のことをいいます。「注意銘柄」とも呼びます。

2-1-1 信用買い残、売り残を毎日公開してくださいねという規制

指定された銘柄は、信用取引の残高が毎日公表されることになっています。

東京証券取引所で4つの基準のうち1つでも当てはまる銘柄は日々公表銘柄に該当します。

あなた自身が持っている株式がいつ何時、日々公表銘柄に指定されるかは分かりません。そのために、このような状況に備えて指定された名柄がどう動くのかを確認しておくのもいいでしょう。

基準	概要
残高基準	・上場株式数に対する信用取引の売り残高の比率10%以上、かつ、信用取引の買い残高に対する売り残高の比率60%以上 ・上場株式数に対する信用取引の買い残高の比率20%以上 ※ここでの「残高」は信用取引の売りもしくは買いの残高
信用取引売買比率基準	・3営業日連続信用取引の新規売付比率20%以上 ・3営業日連続信用取引の買付比率が40%以上 ※各営業日の株価の各営業日における25日移動平均株価を超えている時に限る
売買回転率基準	・当該営業日の売買高が上場株式以上、かつ、同日の信用取引の新規売付比率30%以上 ・当該営業日の売買高が上場株式以上、かつ、同日の信用取引の新規買付比率60%以上 ※当該営業日の株価が同日時点における25日移動平均株価を超えている時に限る
特例基準	「残高基準」「信用取引売買比率基準」「売買回転率基準」に該当せず、東京証券取引所が信用取引の利用状況・銘柄の特性などを考慮し判断された場合

参考元：「インテク」https://aibashiro.jp/contents/yg00091/ を参照に筆者作成

2-2 新規空売り禁止規制

空売り規制では、株価が前日より10%以上下落した際に、直近の株価以下での空売りが禁止されます。

これは、10%以上下落した瞬間から翌日の取引が終了するまで続きます。そして、翌々日には価格規制なしになります。

空売りの規制対象は、51単元以上の新規空売り注文が対象です。50単元とは、例えば、100株単位の株式が5000株。1000株単位であれば5万株です。

2-2-1 新規で制度信用空売りができなくなる規制

2011年12月に金融商品取引法施行令の改正が行われ、公募増資に関連する空売り規制が施行されました。

この規制は、企業が増資を公表した後、新株などの発行価格が決まるまでの間にその企業の株を空売りした場合には、増資によって取得した有価証券によって空売りを決済してはいけない規則です。

２-３　増担保規制

増担保規制(ましたんぽきせい)は、信用取引の一つです。株式の信用取引を行う際には委託保証金が必要なのですが、通常よりも多く必要になることが増担保規制です。

２-３-１　信用取引の担保の割合を増すという規制

東京証券取引所では、信用取引の利用が過度になると新規の信用取引の利用を抑制するために委託保証金率の引き上げなどを行います。そうすることで、相場の過熱感を冷ますのです。

一般的には、増担保規制に指定された銘柄は新規の買いが入りづらくなります。そのため、増担保規制をきっかけとして株価が下がることもあります。一方で、増担保規制が解除されると新規の買いが増えるため、株価が上昇することがあります。

3　増担保規制とは

上記で説明したように増担保規制は、信用取引をする際に定められた保証金率を引き上げるという規制のことです。

もう少し詳しく解説していきます。初めて聞く人もいるかと思いますが、難しく考え過ぎずに「空売り」の関係性があると捉えておくことが重要です。

3-1　増担保規制とは信用取引をする時の担保の割合を増す規制

増担保規制は言葉の通り以下のような組み合わせでできた言葉です。

3－1－1　通常33％から50％へ引き上げること

担保は、信用取引において株を買う場合、現金を証拠金とすることで少額の資金で株を購入できます。

例えば、100万円分の株式を買いたい場合、現物で買うと100万円の現金が必要です。しかし、信用取引では、33％である約33万円の現金を用意しておけばいいのです。そして、残りの約66万円は証券会社が貸してくれるというわけです。

つまり、信用取引を行うということは少ない資金で株式の買付けが可能です。

しかし、増担保規制になるとこの証拠金率が増すことになります。今までは33％の証拠金率だったのが50％の証拠金率になるため、新規で買う場合にはこれまでよりも多くの現金が必要というわけです。

先ほどの例で考えてみましょう。

１００万円の株式を買うためには約33万円で買付けができたのに、増担保規制になることで約50万円を用意することになります。

3-2 増担保規制銘柄を見つける方法

では、増担保規制になった銘柄は、どこで分かるのでしょうか。

3-2-1 すでに規制になった銘柄はＪＰＸのサイトで見られる

すでに規制対象になった銘柄は、日本取引所グループのページで確認することができます。

「信用取引に関する規制を行なっている銘柄」に現在規制がかかっている銘柄が掲載されています。

3-3 増担保規制の目的は株価を下げること

空売りをする投資家が増えると相場は下落します。

空売りで株価をわざと下落させ利益を得ようと企んだり、極端に株価の下落を防ぐ目的で増担保規制という制限があります。

3-3-1 もぐらたたきのように上昇しすぎたら株価を抑制する

増担保規制実施の理由の一つが、「株価を抑制するため」なのですが、値動きが激しい銘柄については、取引所が信用規制をする前の段階で、証券会社が保証金評価を引き下げるなど、独自の信用規制を行うこともあります。

ＪＰＸグループは株価が急激に上昇した銘柄に対して2つの抑制をはかります。

1　日々公表銘柄リストに追加

2　増担保規制の実施

信用取引で株価が急上昇した銘柄においては、投機的な取引に利用される可能性が高いため、日々公表銘柄は投資家に注意喚起を促す目的で公開されています。増担保規制は、株価を抑制するための最終手段であり、繰り返しになりますが、新規で信用買いが入りにくくなります。よって、株価が上昇しにくくなるので、株価の抑制が期待できるということです。

3-4 増担保規制をかける基本ルールとは

増担保規制をかけることにより、現金を多く持っている人しか新規で買うことができなくなるのは当然ですよね。そのため、売り手と買い手のバランスが崩れてしまいます。そして、買い手が少なくなるということは、売り手が多くなるため株価が下がり始めます。

株価が下がるとどのような状況になるのでしょうか。

それは、信用取引で株式を買っている人は「恐怖」の感情が沸き起こります。そして、売りが売りを呼び、株価は一気に下落することになるのです。

つまり、増担保規制が入ると高確率で株価が下がるといえます。

では、ここで増担保規制の基本ルールを説明していきます。

3-4-1 25日移動平均線に対して、現在の株価が30％以上乖離している日が3日連続した場合

ルールはたくさんあるのですが、初心者としては以下のことを把握しておけば問題ありません。

1 日々公表銘柄（注意喚起）である
2 信用買いの新規買付比率が40％以上
3 25日移動平均株価との乖離が30％以上

注意喚起の後、2と3が3営業日連続で達成になります。つまり、日々公表されてから最短3営業日で増担保規制がかかるということです。

月曜日→日々公表銘柄に指定

火〜木→2と3を3営業日連続で達成
金曜日→増担保規制

ですので、気になっている銘柄が「日々公表銘柄」なっていないかを確認することで把握することが可能なのです。

3-4-2 その他の条件はＪＰＸの公式サイトで確認してください

ここまで述べてきたように、株式投資にはさまざまな規制があります。本書を読んでいるみなさんは少なからず「空売り」に興味をもっていますよね。空売りにおいても当然規制があり、そのことを「空売り規制」ともいいます。

空売りによって価格を意図的に下落させることを防ぐための規制です。

規制の細かい条件や対象銘柄は、日本取引所グループのホームページで確認することができます。

3-5 増担保規制銘柄は株価が下がって当たり前

では、増担保規制銘柄の株価は上がるのでしょうか。下がるのでしょうか。当たり前ですが、下がります。

その仕組みは、このように説明できます。

増担保規制が入り信用取引を行うための必要証拠金が引き上げられると、まず、証拠金を積み上げられる投資家が減ります。ちなみに、必要証拠金とは、取引するのに最低必要な金額(担保金)のことですね。

そして、当然買い手が少なくなりますので、

増担保規制

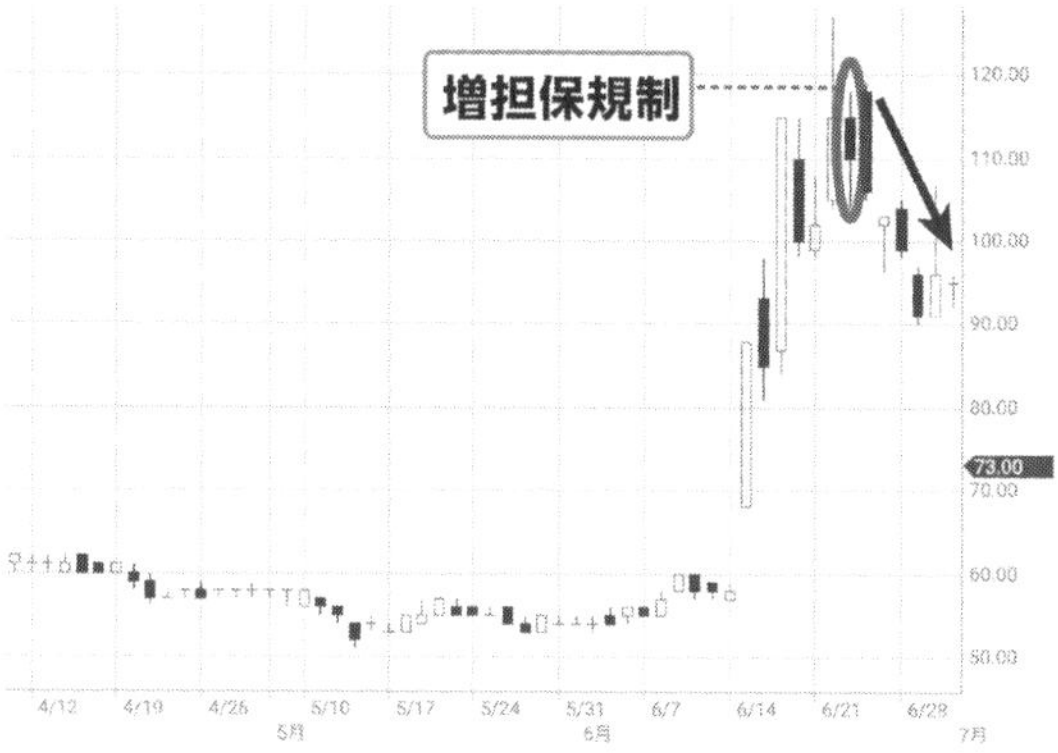

画像参照元：スマートチャートプラ
https://www.nikkei.com/smartchart/?code=N101%2FT&timeframe=6m&interval=1Day&upperIndicators=sma&lowerIndicators=volume&eventsShow=0

株価は下落します。増担保規制解除後に上がることは、必要証拠金が下がるため、買い手が増え株価が上がりやすくなるということです。

3-5-1 株価を下げるために規制をしているので下がって当たり前

つまり、増担保規制をかけているのは、株価を下げるためであり当たり前なのです。基本的に増担保規制銘柄は、信用取引に必要な資金を大きくして新規買いをしづらくすることが目的です。そのため、株価が上がることは滅多になく、一方で解除後には、新規の買いが増え株価が上昇します。

もちろん、株価の変動は多岐にわたります。ただし、空売りで儲けるためにこのような規制をかけ、荒稼ぎしている投資家がいることは覚えておきましょう。

３－６　お宝銘柄は増担保規制候補にあった

増担保規制銘柄といえども、たくさんのパターンがあります。候補の銘柄が見つけられたとしてもそれを空売りしてどうなるのかは、誰にも予想でしか考えられません。

単純に規制銘柄だからといって全てを空売りしてはいけません。

あくまでも、増担保規制候補の銘柄４つのチャートパターンを予測し、空売りしても利益を出せる銘柄だけを仕掛けていきます。まず先行きの見えない銘柄には手を出すことはありません。

３－６－１　これから下がる可能性がある銘柄を見つければ空売りはカンタン

リスクが少しでもある場合には、魅力があってもスルーします。これから下がる可能性がある銘柄を探すことは、実は簡単なんです。
あなたも、４つのパターンを覚えて空売りをしてみましょう。

３－７　増担保規制のルールと概要

増担保規制の一部を左のページにてご紹介しましょう（ＪＰＸグループのホームページより引用）。

もっと詳しいことを知りたい人は……。
増担保規制のルールなどにつきましては、「ＪＰＸグループのホームページ」から確認することができます。

また、「信用取引に係る委託保証金の率の引上げ措置等に関するガイドライン（令和３年３月１日改正）」と「信用取引に係る委託保証金の率の引上げ措置等に関するガイドライ

(1) 残高基準
次のいずれかに該当する場合
イ．売残高の対上場株式数比率が１５％以上で、かつ、売残高の対買残高比率が７０％以上である場合
ロ．買残高の対上場株式数比率が３０％以上で、かつ、３営業日連続して各営業日の株価と各営業日時点における２５日移動平均株価との乖離が３０％以上(各営業日の株価が各営業日時点における２５日移動平均株価を超過している場合に限る。)である場合
ハ．当取引所が「信用取引残高が継続的に増加している銘柄」として公表した日の翌月の応当日以降において、売残高の対上場株式数比率が１５％以上又は買残高の対上場株式数比率が３０％以上である場合

(2) 信用取引売買比率基準
３営業日連続して各営業日の株価と各営業日時点における２５日移動平均株価との乖離が３０％以上であり、かつ、次のいずれかに該当する場合(各営業日の売買高が１，０００売買単位以上である場合に限る。)
イ．３営業日連続して信用取引の新規売付比率が２０％以上である場合(各営業日の株価が各営業日時点における２５日移動平均株価未満である場合に限る。)
ロ．３営業日連続して信用取引の新規買付比率が４０％以上である場合(各営業日の株価が各営業日時点における２５日移動平均株価を超過している場合に限る。)

(3) 売買回転率基準
１営業日の株価と当該営業日時点における２５日移動平均株価との乖離が２０％以上であり、かつ、次のいずれかに該当する場合
2
イ．当該営業日の売買高が上場株式数以上であり、かつ、当該営業日の信用取引の新規売付比率が３０％以上である場合(当該営業日の株価が当該営業日時点における２５日移動平均株価未満である場合に限る。)
ロ．当該営業日の売買高が上場株式数以上であり、かつ、当該営業日の信用取引の新規買付比率が６０％以上である場合(当該営業日の株価が当該営業日時点における２５日移動平均株価を超過している場合に限る。)

(4) 特例基準
(1)～(3)の基準のいずれにも該当しない場合において、当取引所が信用取引の利用状況や銘柄の特性を考慮し必要と判断した場合

ン（令和5年1月10日改正）新旧対照表」は以下をご覧ください。

【ＪＰＸグループのホームページ】
https://www.jpx.co.jp/markets/equities/margin-daily/01.html

【信用取引に係る委託保証金の率の引上げ措置等に関するガイドライン（令和３年３月１日改正）】
https://www.jpx.co.jp/rules-participants/rules/doc/agreement/tvdivq0000001wh1-att/guideline_kisei.pdf

【信用取引に係る委託保証金の率の引上げ措置等に関するガイドライン（令和５年１月10日改正）】
https://www.jpx.co.jp/rules-participants/rules/doc/agreement/tvdivq0000001wh1-att/guideline_kisei_2.pdf

【新旧対照表】
https://www.jpx.co.jp/rules-participants/rules/doc/agreement/tvdivq0000001wh1-att/guideline_kisei_3.pdf

第7章

究極の空売り戦略「堀北式規制空売り」とは

株価が急落するベストなタイミング

1. 増担保規制銘柄と株価下落の相関関係
2. 増担保規制銘柄でも下落しない銘柄(リスク)
3. 増担保規制の前日が最も急落しやすい
4. 増担保規制の発表後に空売りをしても
   利益を出せるのか？

1 増担保規制銘柄と株価下落の相関関係

第7章では、著者堀北晃生が実践する「堀北式規制空売り」について解説していきます。第5章で説明した「増担保規制」との関係性を含めて、より詳しい内容をお伝えします。第5章の繰り返しとなる部分もありますが、空売りをするうえで大変重要なことですので、ぜひうまく取り入れていっていただけたらと思います。

まず、増担保規制とは、信用取引の一つであり、株式の信用取引を行う際には委託保証金が必要ですが、通常よりも多く必要になることが増担保規制です。

信用取引の場合、不祥事などで株価が暴落したり株価が急騰し過熱度が高まったりすると、取引所から追加の信用取引規制が入ることがあります。それが、証券取引所の「日々公表銘柄」。そして、証券金融会社の「貸株注意喚起銘柄（かしかぶちゅういかんきめいがら）」です。貸株注意喚起銘柄は、証券金融会社において貸付株券の調達が困難となる恐れがある場合、証券会社や投資者に通知や公表を行い注意を促すことを指します。ここの時点で「空売りの取引が過熱しています。危ないので注意してください」という警告として捉えます。

次に発動されるのが「増担保規制」。証拠金率が30％から50％超に、そのうち現金比率が20％以上になるなど、必要な担保の委託証拠金率が引き上げられます。つまり、取引の過熱度が高まれば高まるほど規制は強化されるのです。

それでも過熱が収まらない場合はどうなるのかというと……。

最終的には、新規の空売りが禁止となります。

空売りで、投資家がターゲットとしているのは、日々の株価に起こる日常的な上げ下げの「下げ」の部分です。そのため、いつでも空売りで利益を上げることができると考えられます。

1-1 100%ではない、ただし多くの銘柄が下がりやすい

ここまで本書を読んできたあなたなら、どんな上げ相場にも下げ局面が多いことは理解していますよね。ここで「アベノミクス」を例に挙げましょう。

30年続く下げ相場の中で「アベノミクス」は、株価の盛り返しに貢献したといえるでしょう。ただし、「上がったら下がる」「下がったら上がる」のが株式である以上、アベノミクスの上昇相場においても下げ局面は何度もありました。

どんなに相場が上昇しても下落する瞬間は訪れます。この株式相場を分かっているだけで、初心者としても空売りで利益を得ることはそれほど難しいことではないのです。当然、100%ではありませんが、上げ相場にも年に数回は急落があります。だからこそ、空売りを勉強することが、さまざまな規格外の事象が発生する株式投資では、よい選択肢となります。

また、メンタルの面では、空売りにおいてイメージが悪いことが原因となり、どうしても一歩踏み出せないという人も多くいます。「少子高齢化の日本では株は上がらない」「そ

空売りする銘柄の選び方

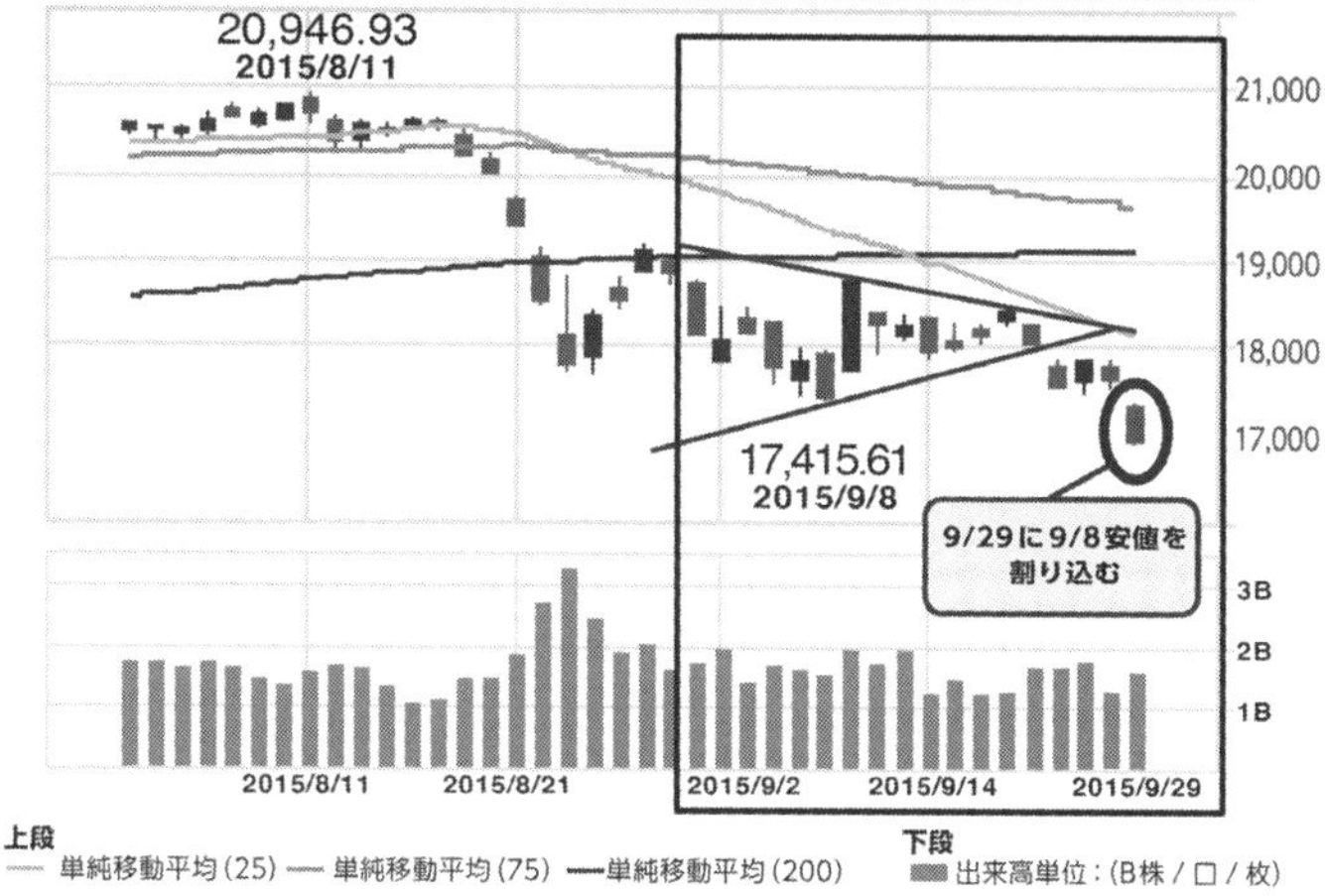

画像参照元：SBI証券
https://www.sbisec.co.jp/ETGate/?OutSide=on&_ControlID=WPLETmgR001Control&_PageID=WPLETmgR001Mdtl20&_DataStoreID=DSWPLETmgR001Control&_ActionID=DefaultAID&getFlg=on&burl=search_market&cat1=market&cat2=report&dir=report&file=market_report_op225_150929.html

んな難しいことを考えながら空売りをしないといけないのか」「初心者には絶対に無理」と思っていませんか。

「堀北式規制空売り」では、そんな悩みを一気に解決します し、何なら、堀北式をマスターすればどんな人でも空売りができるようになります。

1-2 増担保規制がきっかけになって株価が下落 前日に株価が下がりやすい

通常1000円の株価の銘柄を1000株買おうとしたら、100万円が必要です。これが信用取引であれば、投資資金は約33万円の現金を保証金として用意すればいいのです。しかし、増担保規制になると30％の証拠金率が50％に上がります。そのため、増担保規制後に新規で買う場合にはより多くの保証金が必要です。

上記の例でいうと、約33万円だったのに対して増担保規制がかかった瞬間に50万円が必要となるのです。

増担保規制がかかったことで、買い手の勢いが削がれ株価が荒れ始めるサインと捉えられます。規制がきっかけになり、一気に下落することも珍しくありません。

そこで、増担保規制銘柄の空売りを仕掛けるのです。ご存知の通り、空売りで儲けるためには「株価が下がる」必要がありますよね。株価が下がる局面にはいくつかのパターンがあります。どんなパターンなのか詳しく説明していきましょう。

●上げ→横ばい→下げ

この株価の動きが基本で、株価が上がったものの、買いたいという投資家が出尽くしてしまい横ばいで推移します。その後に、下げ始めて「下げ」の局面で空売りをします。

●上げ→下げ

横ばい局面がほとんどない上げてすぐ下げる逆V字型の下落もあります。初動段階にて早めに下げに乗れたら、大きな儲けとなります。

●下げ→横ばい→下げ

上昇まではいかず、下げから一旦横ばいに転じて基本の動きに移行するかとみえて、横ばいから再び下げになるパターンもあります。

この他にもさまざまなパターンがありますが、基本的な上記3つは覚えておきましょう。

空売りで一番重要なことは、「下準備」の期間です。下落が始まったときに大量の空売りを仕込めておけば、下落を眺めているだけでお金を増やすことができてしまうのです。そろそろ下げ局面に入る……と判断するのは、なかなか難しい技術です。

投資家のプロが何十年にわたり下げ局面を検証してきたノウハウを、ぜひ活用してみてください。個人的に繰り返し繰り返しチャートを見ながらということも大切ですが、時間も要しますよね。空売りに手っ取り早く慣れるためにも、プロのスキルを取得していくことも重要ではないでしょうか。

２　増担保規制銘柄でも下落しない銘柄（リスク）

増担保規制解除後に株価の上がる銘柄はそれほど多くありません。しかし、中には下落することのない銘柄も存在します。

そんな、増担保規制にも負けずに上がる銘柄の特徴を解説します。

２－１　ゲームやバイオ関連株＝外国人が規制に関係なく買ってくるかもしれないから

増担保規制解除後に株価の上がる銘柄の特徴についてまとめました。

●増担保規制になっても、投資家たちが投げ売りをしない
●増担保規制当日の株価下落が小さく、推移する
●移動平均25日線を大きく下回らない
●外国人投資家は規制に関係なく買ってくる

増担保規制が入ると、多くの投資家は株価が下がると予想し売る傾向になります。これはもう上昇する要素が見当たらない銘柄については、大抵株価が下がります。そして、解除後に株価が上がるパターンがほとんどです。

また、増担保規制候補の中でゲームやバイオ関連の銘柄は上昇してしまうことがあります。それはなぜかというと……。

外国人投資家が日本の銘柄の中で、それらの株を買いたいという需要が高まるためだと考えられます。日本の株式市場で株価規制があるかどうかは関係なく、外国人投資家たちが買っていくことが予測されるのです。増担保規制がかかったとしても、このような銘柄はお構いなしに上昇する可能性があるため、空売りをする投資家としてはリスクであるといえます。

3 増担保規制の前日が最も急落しやすい

「堀北式規制空売り」では、増担保規制の前日が最も急落しやすいと謳っているのですが、これは株式投資と空売りにおける長年の研究から導き出されました。つまり、人間の「期待と恐怖の感情が拮抗するピーク」が規制の前日であることが分かったのです。

規制のかかる前日に株価が下がりやすいという法則を見つけ、それにともない4つのチャートパターンに集約されていることを見つけました。もちろん、株価は100%ではないのですが、そのパターンは8割もの高確率の信憑性があることも実証済み。ただし約2割は例外なこともあります。

このように研究を重ね発表した理論が「堀北式株価デトックス理論」です。「堀北式株価デトックス理論」については、第8章で説明していきます。

増担保規制がかかりそうな銘柄については、MSTP通信に登録いただくことで、メールにてお知らせしています。

MSTP通信の登録方法は本書の一番最初、2ページの「本書を読み進める前に…」をご確認下さい。

4 増担保規制の発表後に空売りをしても利益を出せるのか？

増担保規制の解除前に空売りをしても利益を出せるのでしょうか。

「堀北式規制空売り」では、増担保規制候補の銘柄のみを見つけて、空売りを仕掛けるという戦略を行っています。増担保規制は国の規制のため株価が下がりやすいのですが、すべての銘柄が下がるわけではありません。増担保規制になったとしても、空売りをしてはいけない条件もあるのです。

どんなにいい銘柄でも、あなたの条件に合わなかった場合には、「空売りをしない」と選択することが大切です。「もしかしたら下がるかもしれない」という主観ではなく、「やらない条件を守ること」で高い利益を上げることが可能です。

投資の意思決定は……。

●買うこと
●売ること
●何もしないこと

の3つの選択肢しかありません。この判断が難しく、特に「何もしないこと」は人間の心理的にも思考がもつれてしまうと考えています。条件に合わない場合は、きっぱりと切り捨てて感情的な判断をしないこと。それが、勝つための基本的なルールといえるでしょう。

また、増担保規制の銘柄の中でも、規制を跳ね除けて上昇する銘柄が稀にあります。この場合は、空売りをしてはいけません。そのため、「増担保規制発表＝空売りではない」ことは覚えておいてください。

第8章

規制空売りを理論化した「堀北式株価デトックス理論」

1. 堀北式株価デトックス理論とは
2. 増担保規制になる前に空売りを仕掛ける理由
3. 増担保規制候補の銘柄を見つける方法
4. 4つのテンプレートチャート
5. 3つのキャッシュポイントマニュアル
6. 堀北式株価デトックス理論を公開しようと思った理由

1　堀北式株価デトックス理論とは

第８章は、「堀北式株価デトックス理論」についてです。内容の詳細やどんなことが学べるのかを中心に紹介します。

堀北式株価デトックス理論は、繰り返しとなりますが株式投資の「空売り」の方法についての独自の理論を発信しています。

主なコンセプトは以下の通りです。

- ●3ヵ月の講座で完全マスター
- ●規制空売りで稼ぐオンライン実践講座
- ●プロが教える！　規制空売りの実践講座
- ●資産を構築するための秘密を教えます！

また、オンライン実践講座では、最短ルートで成功する方法を伝えています。

●株式投資を最短ルートで成功させる秘訣
●今本当に必要な７つのスキルとは？
●今、一番注目されている株価規制の空売り手法を解説
●勝率８割、平均10％のパフォーマンスを出した投資ロジックの全貌
●最先端！　次世代の株式市場を先回りして資産を10倍！

現に、堀北式株価デトックス理論の受講者において、98・７％もの驚きの実勢を上げているのです。ただし、以下のデータは２０１７年の実績であり、今後、未来永劫利益を保障するものではありませんのでご理解ください。

366,345円の利益

▎国内株式（信用）

銘柄	取引 預り区分	約定日 受渡日	株数	平均約定 単価	手数料/ 諸経費等	課税額/ 譲渡益税	受渡金額/ 決済損益 (日計り分)	代/保 掛目
サイバーステップ 3810	信新売 (日計りH) 特定	22/06/07 22/06/09	15,000	1,039.5	7,480	-	-- (--)	--
	信返買 (日計りH) --	22/06/07 22/06/09	15,000	1,001.3	90,580	116,785	366,345 (--)	--

13,561,855円の利益

▎国内株式（信用）

銘柄	取引 預り区分	約定日 受渡日	株数	平均約定 単価	手数料/ 諸経費等	課税額/ 譲渡益税	受渡金額/ 決済損益 (日計り分)	代/保 掛目
ティーケーピー 3479	信返買 (6ヶ月) --	22/04/26 22/04/28	6,000	1,790.8	663	75,39	295,566 (--)	--
ジィ・シィ企画 4073	信新売 (日計りH) 特定	22/04/26 22/04/28	5,600	1,316.6	0	-	-- (--)	--
	信返買 (日計りH) --	22/04/26 22/04/28	5,600	1,110	5,600	234,01	917,572 (--)	--
マナック・ケミカル・パートナーズ 4360	信新売 (日計りH) 特定	22/04/26 22/04/28	11,000	762	0	-	-- (--)	--
	信返買 (日計りH) --	22/04/26 22/04/28	5,500	728.5	4,950	37,00	145,047 (--)	--

84,500円の利益

銘柄	取引 預り区分	約定日 受渡日	株数	平均約定 単価	手数料/ 諸経費等	課税額/ 譲渡益税	受渡金額/ 決済損益 (日計り分)	代/保 掛目
ピクスタ 3416	信新売 (日計りH) 特定	22/06/02 22/06/06	600	1,541.1	880	-	-- (--)	--
	信返買 (日計りH) --	22/06/02 22/06/06	600	1,362	1,440	21,55	84,506 (--)	--

693,719円の利益

国内株式(信用)

銘柄	取引 預り区分	約定日 受渡日	株数	平均約定単価	手数料/諸経費等	課税額/譲渡益税	受渡金額/決済損益(日計り分)	代/保掛目
サイバーステップ 3810	信返買(日計りH) --	22/04/28 22/05/06	10,000	554	96,271	134,451	527,178 (--)	--
AppBank 6177	信返買(日計りH) --	22/04/28 22/05/06	15,700	174	51,583	42,477	166,540 (--)	--

1,387,680円の利益

(4493) サイバーセキュリ

東証*

現在値 09:28　2,157↑　-129　(-5.64%)

信用返済買 (注文詳細)

約定日	22/03/15
受渡日	22/03/17
返済期限	日計りH
預り区分	-
約定株数	5,700株
平均約定単価	2,136円
手数料・諸経費	70,424円
課税額譲渡益税	353,896円
受渡代金・決済損益(日計り分)	1,387,680円/0円

522,769円の利益

(4575) CANBAS

東証*

現在値 15:00　294↑c　-6　(-2.00%)

信用返済買 (注文詳細)

約定日	22/06/06
受渡日	22/06/08
返済期限	日計りH
預り区分	-
約定株数	18,000株
平均約定単価	292.7円
手数料・諸経費	43,200円
課税額譲渡益税	133,331円
受渡代金・決済損益(日計り分)	522,769円/0円

このデータは、ほんのごく一部です。これは、日本で唯一、増担保規制候補だけに絞った空売りをするための投資理論と実践ノウハウを学んだ結果です。このように、3ヵ月で規制空売りをマスターできて、実際に利益を出せるようになるための知識とスキルを磨くことができるのです。

投資家のすべての人が空売りの権利をうまく活用できるように、そして、証券会社など「空売りは危ない」というネガティブな情報発信から抱くイメージをなくすことを目的に理論化しました。初心者でもリスクを最小限にし、実践できる方法を学べます。また、多くの投資家たちと情報を共有しながら、一緒に成長できるコミュニティを目指しております。

個人投資家は孤独との闘いですよね。今後は同じ投資家同士で、お互いを尊重し合い成功につながるような関係性を築いていけたらと考えています。

１－１ 心理学、行動科学、経済学などを組み合わせた独自理論

では、なぜこんなに短期間で、98・7%もの受講生が目に見える利益を出せたのでしょうか。もしくは、残りの１・３%は、なぜ実績が出ないのでしょうか。

それは、私がお伝えしている増担保規制に着眼したロジックを、シンプルなステップで実践しているかしていないかということです。もちろん、日々のトレードでうまくいくこともいかないこともあります。すでに第６章で解説しているように、テクニック以外にもPDCA（ピーディーシーエー）の回し方やメンタル的な要素などを組み入れたコンテンツを構成しました。PDCAとは、Plan（計画）・Do（実行）・Check（測定・評価）・Action（対策・改善）の仮説・検証型プロセスを循環させ、マネジメントの品質を高めようという概念のことを指します。

一つひとつ、こなしていくことで必ず勝てるトレーダになれますし、そのために必要な

コンテンツやサポートも整っています。つまり、高い再現率が98・7%という数字から読み取っていただけると思っています。

最新の脳科学、心理学、行動学から導き出した投資家の感情がどのように動くのかの「解体新書」を投資業界で初めて公開しています。この独自理論は、投資以外の実生活でも驚くべき成果が期待できるでしょう。

1-2 デトックス=体内の老廃物を外に出して適正な体重にすること

デトックスは、「detoxification(解毒)」の短縮形で、体に溜まった毒素を体外へ排出するという意味です。体内の老廃物を外に出して適正な体重にすること。溜め込んでしまった毒素を排出し健康体を取り戻そうとすることです。

実は株価も同じで、過剰に買われた株は適正な株に戻ります。だから株価が下がるのです。

では、その株価が下がるタイミングに空売りを仕掛ける方法をおさらいしておきましょう。

株価が急上昇すると証券取引所が増担保規制をかけます。これは、株価急上昇により大きく損を出す投資家を守るために国が規定した法律です。そして、通常30％の証拠金で買えた株式が50％を出さないと買えないようになります。そのため、参入障壁が上がり株を買う人が減ることで株価が下降するわけです。

増担保規制になる銘柄を事前に予測することができれば、頂点で売りを入れ下降して買いを入れるという最高の空売りができるようになるのです。

2 増担保規制になる前に空売りを仕掛ける理由

難しい玄人向けテクニックを誰にでもできるようにシンプルにすることが、高い再現性のポイントです。しかし、１・３％の受講生は結果を出せていません。

その理由は、日々コンテンツを視聴せずに、トレード自体スタートしていないからです。私はこの１・３％を重く受け止め、「どうしたら１００％になるのか」を日々模索し続けました。そして、最新のコンテンツでは14のモジュールにて構成し、ブラッシュアップしたのです。

規制空売りのノウハウ確率におけるバックグラウンドを公開しています。初心者でも、低資金でも、誰がやっても同じように高い再現性を誇るノウハウの秘密、つまり規制空売りのストーリーをお伝えしています。

2-1 空売りの仕組み

本書のように、堀北式株価デトックス理論においても、空売りとはそもそもどういったことなのかを分かりやすく解説していきます。

株の初心者でも中級者でも、基本的なメカニズムを知ることで今まで感じられなかったような可能性を見い出せます。難しい専門用語はなるべく避け、分かりやすい空売りとその可能性について説明しています。

また、稼げる人と稼げない人の違いは、年齢でも経験でも資産でもなく考え方や心構えだと考えています。

●最高値になりやすい
●信用買いで持っている人が緊張状態がピークになりやすい
●失望売りで一気に投げ売りが出やすい

ポジティブなのかネガティブなのかによって、大きく変わります。私たちは、投資家が一気にブレイクするためのメンタルブロックを外す方法をプログラムにて紹介しています。

3 増担保規制候補の銘柄を見つける方法

増担保規制候補の銘柄を見つけるために、私たちが確立したテクニックがあります。

1　シンプルなリサーチで増担保規制銘柄を調査

無駄を徹底的に省きながらも効率的に、クリティカルにリサーチするのに多くの時間を必要としません。

2　４つのテンプレートに当てはめ、値動きを予測

増担保規制候補の銘柄のチャートパターンは、およそ80％の確率で４つのパターンに集約されることが分っています。つまり、このテンプレートに従えば80％の確率で思い描いている空売りが可能です。

3　確認するのはシンプルなチェックポイント

取引を確実に成功させるために、リサーチが完了しテンプレートで値動きの想定が完了したら、必要なチェックを行います。あくまでも取引をスタートするだけのシンプルな方法です。

3-1　増担保規制直前銘柄の探し方〝無料動画セミナー〟ご案内

私が独自開発に成功した画期的なシステムがあります。そのシステムを利用すれば増担保規制になりそうな銘柄を事前に見つけることができます。このシステムがどのようなロジックで作られているのか、またどのように活用したらいいかなどをお伝えするのが、この無料セミナーとなります。

主観ではなく「国の規制」を判断基準として銘柄抽出ができるようになるので、成功パターンが手に入ります。

増担保規制になった銘柄はＪＰＸのサイトで確認できますが、それよりも前に最高値で空売りを仕掛けられることができれば大きな利益を得ることができます。

そのためには、増担保規制になりそうな銘柄をいち早く見つけることが求められます。それを個人的に行なうことは、専門知識があったとしても非常に労力と時間を費やす必要があるので非現実的です。

そんな規制空売りの対象銘柄を最速で見つけられる唯一の方法があるのですが、その方法については無料動画セミナーにご参加頂いた方のみにお伝えしています。

無料セミナーへの参加方法は、左下にあるＱＲコードよりご確認ください。

無料動画セミナー
参加はこちらから

4　4つのテンプレートチャート

私たちは長年の研究により、増担保規制銘柄の80％は決まった動きをすることを発見しました。

４種類のチャートパターンに80％以上の銘柄が当てはまるため、このテンプレートを活用するだけで、一日先の株価を予想できるようになります。また、過去の事例から見出したテンプレートを活用することで、利益を出すことができます。

5　3つのキャッシュポイントマニュアル

堀北式株価デトックス理論では、利益を出す3つのキャッシュポイントをマニュアル化しています。

5-1　一つの銘柄で3回利益を出すことができる

増担保規制銘柄で利益を上げる方法として、一つの銘柄で3つのキャッシュポイントがあります。つまり、一つの銘柄で最大3回の利益を得ることができるということです。どのタイミングで利益を取るかは、自分自身の好きなパターンを選ぶだけ。

私たちが独自で研究したキャッシュポイントのパターンを、そのまま真似することで初心者でもすぐに結果を出すことが可能です。

6 堀北式株価デトックス理論を公開しようと思った理由

最後に、私がどうして「堀北式株価デトックス理論」を公開したかについてお話しします。みなさんの中には「こんなに儲かる情報をなぜ人に教えるのか」「自分一人で利益を出せばいいのに」と思っている人もいるかもしれません。正にその通りだと思います。しかし、私が公開しようと思った経緯にはきちんとした理由があります。それを知ることで、私のことを理解していただけるのではないかと思っています。

そこで、私のノウハウを多くの投資家たちに公開するに至った根拠をまとめました。

1　私は、過去に投資詐欺にあったことがあります。その原因は投資に関して無知だったからとしか言いようがありません。

詐欺をなくすことは私にはできません。ただし、投資家のリテラシーを上げることには貢献できると思ったことがきっかけです。私が研究した理論をもとに、自分で考え意思決定ができる自己型投資家を世に増やしたいと考えたのです。この理論を知ることで、多くの人たちが未来に対する不安が少なくなること、そして明るい未来を形成できることを望んでいます。

２　日本は１４００兆円もの個人資産が銀行に眠っているといわれています。このうち、わずか10％でもいいので株式市場に流れると、経済は活性化されるのではないかと考えています。増税をしなくても金融市場の活性化により経済は復興できると、私は信じています。そして、日本経済の復興に貢献していきたいと思っています。

３　現在、私はＭ＆Ａ（エムアンドエー）などを手がけています。Ｍ＆Ａは、英語の「Mergers and Acquisitions」の頭文字をとった言葉で、一般的には企業の合併・買収を指しますが、企業の競争力の強化や新規事業の多角化などの業務提携を含む企業戦略全般として使用されることもあります。

マーケットに直接売り買いするようなことはしていません。そのため、空売りの手法は、私以外の人が活用して結果を出してほしいと思っているのです。独り占めするのではなく、みなさんとシェアすることで感動と感謝の潮流を巻き起こしたいと考えています。

4　2600年以上続く日本の歴史の中で、「自分たちの役割は何だろうか」と考えたときに、子どもたちつまり子孫たちに、これまで培った知恵を残していくべきではないかと思ったのです。そのためにはかっこいい大人たちを増やすことが重要でしょう。学び、それを実践し、そして共感できる仲間こそが大切であり、その中で「強い金融教育」を学び続けることが求められます。

また、持続可能な社会を目指すための世界的な目標であるSDGs。4番目の目標「質の高い教育をみんなに」に貢献できればと思っています。

「堀北式株価デトックス理論」はいかがでしたか。私が公開に至ったいきさつも分かっていただけたでしょうか。堀北式株価デトックス理論では、さまざまな教材を用意しております。本書ではご紹介できていない部分もあります。それも含めて興味のある方は、有料講座も受講可能ですので、ぜひホームページをご覧ください。

第9章

規制空売りを実践して人生が変わった会員様の声

1. レビュー動画
2. レビューの原稿
3. 成功した譲渡益画面

川南　和彦さん（北海道在住）

私は、北海道の洞爺湖畔に住んでいます。

先代から引き継いだ宿を33年ほど経営し、３年前に全部リタイアしました。現在は、賃貸アパートを経営しています。

堀北先生に出会い、規制空売りという手法を初めて知りました。この手法を用いて生まれて初めて株式投資の売買を行い、勉強をしながら規制空売りを実践していますが、新鮮で、驚きと発見の連続の日々です。

何より驚きなのは、勝率です。

株の売買では、決して、パナソニックやトヨタなどの大きな銘柄を扱うのではなく、むしろ皆さんが普段あまり注目しないような銘柄が出てきます。中には大手のファンドも参入しているかもしれません。

しかし、株式に関して、なんとなく他の人の考えていることが分かってくるようになり、とても楽しいです。

理論を学ぶと、「株価が下がり始めて、この辺から苦しくなって売り始めるな」と、その株を保有している人の考えが分かるようになりました。今までは、それが分からず、機会の前に自ら土俵を降りてしまうといったことが頻繁にありました。

規制空売りの象徴的なものとして、ＭＳＴＰ通信があります。

これによって当日も翌日も利益が取れ、ポジションを持っていれば株価が下がるという安心感や方向性が見えてきました。

淡々と日々をこなしながら積み重ねていけば、着実に実績が上がり、利益も増えると実感しています。

私は、特別才能があるわけでも、目利きができるわけでもありません。それでも、堀北先生から理論を学び、少しずつ確実に利益を出しています。

年に数回海外にいる息子のところへ行くのですが、利益が増えたら滞在期間を延ばして、何か月か滞在できたらなと思っています。

堀北式デトックス理論は、本当に再現性も勝率も高く、私はこれだけで良いと思っています。

株式投資で結果を出すために、正しい先生に正しいことを学ぶということは、成功への早道だと思います。

「儲かる」という商材は、世の中にあふれていて、本物に出会うことは極めて難しいです。会員になれば、着実に実績を積むことができます。

「このような機会はなかなかないのでは?」と、これから学ぶ方にお伝えしたいです。

馬内 友美 様(岐阜県在住…主婦)

規制空売りという手法に出会うまでは、ネット情報を参考したり、デイトレをするなど買いばかりを行っていました。

テクニカルやファンダメンタルズのような技術はほとんどなく、板の動向を見て勘で取引をしていました。

また、理想通りに株価が動かなかった場合は、利益が出るまで待ってしまい、むしろ含み損が増えてしまったり、たとえ理想通りに動いたとしても利確にタイミングを逃してしまってから決済をすることが多くありました。

トータルでマンション1棟分の損益を出したこともあります。

退職後主婦になり時間ができたので、株取引に再度挑戦しようと思い情報収集を始めました。

株のスクールなどからメルマガを受け取っており、その中に堀北先生からのメールもありました。読んでみて、「これだ！」と思ったことがきっかけで、規制空売りの世界に入りました。

ＭＳＴＰ通信で送られてくる銘柄は、公的機関が規制をかけるだろうと、独自のシステムで予測した厳選の銘柄だからだと思いますが、高い確率で、先生がおっしゃるような株価の動きになりました。

1日のうちに必ず下がるタイミングがあるので、毎回安心感を持って取引ができます。

そして、ぐっと下がったところで欲張らず利確しているので、かなりいい成績を残すことができています。

また、1日で決済するということが強制力になっているので、私の性格上とても合っているように思います。


応用として、MSTP通信で送ってくださる銘柄と同じような動向のものを、少し前から探し始めました。

ある銘柄では、思惑通りに動いて後場ストップ安になり、翌日強制決済されたのですが、利益が100万越えだったのでとても驚きました。

空売りは堀北先生のデトックス理論に出会って初めて行いました。

最初は自分の持ち株以外を借りて売買することに不安がありましたが、株の相場は上がったり、下がったりするものなので、買いだけでしかエントリーしないのはもったいないです。規制空売りは、とてもいいチャンスを与えてくださったと感謝しております。

冨嶋 仁美 様（福岡県在住…主婦）

規制空売りという手法を知るまでは、株価がどんどん上がったあと、急激に下がりだしたら指をくわえてみている状態が続き、残念な経験をしていました。

ちょうど数か月前にある銘柄の株を買っていましたが、損をしたばかりでした。

この株は、ラジオで上がるという情報を得て買っていたのですが、上がらずに下がっていくのでおかしいなと思っていました。

そのような時に、たまたま規制空売り・堀北式デトックス理論をインターネットで見つけて、その銘柄で利益を出したと知り、わたしの利益が減った分は、規制空売りの会員さんのところへ行っていたのだと気づきました。

私は一人孤独な環境で空売りという手法を実践する勇気がなく、でもチャレンジしてみたいという気持ちから、入会しました。

実践してみて、最初の1週間で96万1600円の利益が出ました。

みなさん資金が減ったらどうしよう、などやはり怖さがあると思います。

しかし、教材があり、それを見て空売りを実践でき、さらに先生からわからないことをメールで教えてもらえる、という環境の中にいることはとても心強いです。

加藤 克彦 様 （神奈川県在住…会社員）

私は、以前から株には興味がありましたが、大きく損をする経験もあり、少し離れていました。

そのような時に、たまたまネットサーフィンをしていて堀北先生を見つけ、規制空売りについてのお話を聞き、大変興味を持ちました。

株価というのは、上がり下がりがあり、エントリーとエグジットのタイミングが非常に難しいと感じていました。

しかし、規制空売りの手法を用いれば、急騰した株の中から、下がる銘柄を見つけるだけで良いのです。しかもＭＳＴＰ通信を利用すれば、注目する銘柄数も絞られます。規制空売りでの肝は、国の規制です。

規制が入って、下がる確率が高くなる、というのは、買いと売りのタイミングを待つより、非常に理論的です。

入会する前は、諸外国の株式市場と日本の市場を比べると、日経平均は低迷をしていて、長期的な投資に向かないと感じていました。

そうなると別の戦略を考える必要があると思っていたところ、この規制空売りに出会い、まさにぴったりな手法だと思いました。

３０００近くある銘柄の中から良い銘柄を見つけることは難しいと感じるでしょう。

しかし、急騰したものの中からＭＳＴＰ通信で注目銘柄配信をしてくれるので、深い知識も必要ありませんし、非常に楽しく、面白く感じると思います。

芝浦 高雄 様 (神奈川県在住)

私は今まで、勤務していた会社で27年間、持ち株会に所属しており、株を持ち続けていました。

先物取引の経験もありますが、３００万円ほど、一度に無くすという、苦い経験があります。

退職前に時間ができたこともあり、次の楽しみを見つけるべく、ネットで色々と調べていたところ、たまたま堀北先生の行っている規制空売りというものを知りました。

株というものを少しやってみたい、という気持ちがありましたし、堀北先生の講習ビデオを見て、規制空売りをやってみたいと大学に入るような気持ちで入会しました。

私は、初心者でしたので最初はやはり専門用語が全然わかりませんでした。

売りと買いを間違えて入れていたり、慌てて失敗したという経験もありますが、毎日少しずつ失敗と成功を重ね、だんだんと理解できるようになりました。

数年前に銀行系の投資信託を買ったことがありますが、空売りと違い、一気にマイナスになったら、マイナスのままで、高騰しても全然戻らないということがありました。

それに比べ規制空売りというのは、10分から20分くらいで結果が出る可能性もあるのです。

結果が出るまでのスピードが速く、そのスピーディーさも魅力ではないでしょうか。

今までは、株を買う・株が上がる、ということしか考えていませんでした。

しかし、逆に下がる方がチャンスなのだと、この手法を用いて初めて理解できました。売りと買いの両方ができれば2倍のチャンスになります。

1回経験するととても楽しくなり、今では、これからのやりがいを見つけたとまで思うようになりました。

私のように定年退職をして次に何をやろうかと思った時、シルバー人材センターに通うなど、色々な選択肢があると思います。

規制空売りを1つの選択肢として、株に関心がある方は是非試してみるのもよいのではないかと思います。

藤村 勝文 様 （三重県在住…経営者）

私は、現在、伊勢市でガソリンスタンドを経営しています。

規制空売りを知る前から、株取引を行っていました。

テレビから、よい情報を仕入れ、買ってみると高値掴みですべて損をし、3億2千万ほど損をしたことがあります。

入会をさせていただき、今では規制空売りを実践して、1日で8万円弱の利益を出しています。

取引できる日が月に20日あると仮定すると、月に50万〜60万の利益となり、年間で600万ほどの利益になります。

さらに複利になれば、来年にはさらに利益を上げることができると大変期待しています。実績報告を見ていると、毎回30～40万円の利益を確実に上げておられる方がいます。その方は、月間に６００～８００万くらい、あるいはもう少し利益を上げているのかもしれませんね。

規制空売りという手法は、確実に利益を出すことができるので大変期待しています。この手法を続ければ、のちに、今までの損失分が取り戻せると確信しております。

堀北先生のご指導があり、すばらしい仲間と経験を共有できることが、私にとっての一番の財産です。

そのような環境を提供いただき、私は堀北先生を大変尊敬していますし、とてもいい先生に巡り合えたなと感謝しております。

光田 英貴さま（東京都在住…経営者）

株の取引を始めて約40年が経ちました。

今までは確証がない思い込みで買って、それが時々大当たりすることがあり、そのような取引を堀北先生に出会うまで行ってきました。

また、投資に関する数々の情報が多すぎて情報を拾いきれず、さらにチャート分析や企業の業績など細かい数字を調べることができませんでしたので、気楽に取引をし、お金を失っていく、それが最大の悩みでした。


リーマンショックのときに、信用の買建により4時間で4億円を無くしたという最悪の思い出があります。

こういうことをしていたらいけないと気づくために、早く堀北先生に出会っていればどんなに良かったかと今となっては思います。

堀北先生からのメルマガを受け取るようになってから、内容が非常に哲学的であり普遍的な心理へのアプローチの要素があったので興味深く、必ず目を通すようになりました。

堀北先生に出会う前から空売りについて、言葉では聞いたことはありましたが、空売りは財産全部無くすというような、とても怖いというイメージでした。

そのような思いはありましたが、メルマガを読み進めていくうちに先生がオススメする空売りをやってみようかなという気持ちに変わっていき、入会することとなりました。

それでも、空売りをスタートする前はやはり怖い気持ちはありました。

しかし、先生からの教えを色々試す中で驚くことがたくさんあり、値上がりを狙う株は時間をかけながら上がっていくのに対し、下がるときはあっという間に下がっていくということが目に見えてわかったことは驚いたことの一つです。

さらには、情報を集めたり分析を行うなど余計なことをしなくて済むようになり、時間に無駄が無くなりました。

わたしはこちらで得た利益を自分の会社に役立てたい、次の経営者に不安を残さず

100年企業に育て上げたいという気持ちでいます。

今まで投資顧問を何社か利用してきたこともありますが、堀北先生の信頼度、信憑度は違うと確信しています。

自分の資金力の中でマイルールを決めて取引をすれば怖いものはないので、取り組んでみてはいかがでしょうか？

黒澤　誠司さま　（大阪市…開業医）

わたしは、以前より投資顧問会社に推奨された銘柄を大量に購入していたのですが、ずるずると下がっていき、売るに売れない状態になって含み損が増えている状況に悩まされていました。

もともと空売りはよく行っておりましたので、規制空売りなど空売りをメインとしている堀北先生にお世話になろうと方向転換を図るべく入会を決めました。

今まで空売りをしていたとは言っても、規制空売りというのは通常の空売りとは違い、おもしろい、利益が出そうだ、と感じたことがきっかけです。
実践してみると、不確定要素が多い世の中、こちらは利益が出る方法だと確信しました。
具体的には、入会してすぐ仕事をしながらでも、ログリーでおよそ50万円、アスカネットでは１００万円ほど利益を出すことができました。

規制空売りは、人の心理にフォーカスしているという点で、他の投資方法と明らかに違うと思います。

これから資産を増やし、何不自由なく家族が過ごせるように、そして、恵まれない方に援助し貢献していきたいと考えています。

空売り自体怖いものだ、悪いものだとインターネットで書いていることもあります。
実際は、個人で空売りをされている方は少なく、買いで損をしている人も圧倒的に多いです。

買いばかりではなく、空売りもできるように投資のテクニックを身につけていただけるとよいかと思います。

規制空売りは、マスターできれば一番利益が出る方法だと感じています。

おわりに

人生どん底の時期

2015年冬・・・。

骨まで冷え込む寒い朝。

私は布団の中から出ることができなくなってしまった。

信用買いで持っていたポジションが急落し大損。

起業9年目にして、仲間に裏切られ倒産寸前。

支払い不能による銀行口座差し押さえ。

このようなことが一気に押し寄せてきたことで、精神的にも肉体的にも限界を感じていた。

おわりに

「10歩あるいて死にたい！」

そう脳裏によぎるようになってからは、体の震えが止まらないという原因不明の事態に陥ってしまった。

椅子に座っているだけで、不安が押し寄せ心臓の鼓動が早くなり、胃の中にあるものを吐き出したくなるような衝動が連日のように続いていた…。

「いったいこの苦しみはいつまで続くのだろうか？」

「天はこの苦しみから何を学べと言うのか？」

結婚してすぐに一文無しになり、聞いたこともないような借金を背負い、猫の餌も買えないような生活。

いつまで続くのか？

恥ずかしくて書きたくはないが、新婚初めてのクリスマスの日には、まったくお金がなく焼き鳥二本しか買えなかった。

今すぐこの生活から脱却したいが何をすればいいか全くわからない。

髪は抜け落ち、立ち上がる気力もなく、食欲も性欲も睡眠欲も全くなくなってしまった自分には、未来を想像することすらできなくなってしまっていた。

そんな時、私は図書館に出かけることにした。

なぜならば、じっと部屋にいると不安が押し寄せ、死にたいほどの恐怖の感情に包まれてしまうからだ。

図書館に行って本を開いている時だけは恐怖の感情から一瞬遠ざけられるような気がした。

本を読みたいから図書館に行ったのではない。

恐怖の感情から逃げたかった、不安を紛らわしたかった。

そのために図書館にこもる日々を繰り返した。

当時読んだ本は、心理学、脳科学、組織行動学、金融法、物理学、哲学、歴史小説、ファイナンス理論、マーケティング理論、東洋医学、風水、陽明学、中国古典など。

これらの本を読みたいから読んだのではない。

図書館の目の前にこの本があったから棚から取り出して読んでみただけ。

普段の自分なら絶対に読まない本を図書館から取り出して、貪るように読みあさった。

もちろん、それぞれの専門用語などわかるわけがない。

しかし、普段読まない本を読んでいたことが後に奇跡のような発見につながるとは、当時の自分は知る由もなかった。

人生を変える奇跡のインスピレーション

20代から始めていた株式投資には、人並みの知識と経験はあった。

しかし、不確定要素の高い未来を予測し売り買いの注文を行い利益を出し続けるには、それ相当の投資理論が必要だった。


そんなある日、全身の力が抜けるようにリラックスしている時。

不思議な体験をした。

体は綿のように軽く、意識がギリギリあるかないか、それともそれが夢なのかわからないほど意識が朦朧(もうろう)としていた時に奇跡が起こった。

頭のてっぺんから足の爪先まで、まるで電流が流れるかのような衝撃が起こった。

体全身にエネルギーが満ち溢れ、可能性とワクワク感が止まらない状態になった。

今まで無造作に読んでいた本の内容と悩みや可能性がすべて一本の線につながった瞬間だった。

すぐさま手元にあった紙とペンにそれを書き起こす。

誰も読めないような汚いメモ書きは未だかつて聞いたこともないような法則。

株式投資において利益を出す法則が不思議な形でひらめいた瞬間だった。

天からの贈り物なのか、インスピレーションと呼ばれるものなのか？

自分の力量以外の何かが天から降ってきたかのような、ひらめきを体験した。

それがこの書籍で紹介する「規制空売り」である。

人生を変えた規制空売り

規制空売りとは、一言でいうと国が株価規制をかけた瞬間に株価が下がるという原則。

これに空売りという手法を用いれば、下がる銘柄を先取りして利益をもぎ取ることができる。


シンプルなことを繰り返す具体的なやり方がこの「規制空売り」というわけだ。

一般的なテクニカル分析とは、チャートの動きをさまざまな視点で分析して未来の株価を予測するというもの。


しかし、過去の株価と未来の株価に相関関係はない。

もし相関関係があるのなら、◯◯ショックと言われるような大幅下落相場は予想できていなければいけない。

つまり、テクニカル分析もファンダメンタル分析も未来の予測は難しいということである。

それにくらべて、人間の心理や脳の構造、行動パターンというのは生きている限り変わることはない。

１００年経っても脳の構造は変わらず、人が何に対して恐れを感じるかは未来永劫変わることはない。

そういった心理学、脳科学、行動科学から見た株価の予測は一貫性があり、再現性があるのではないかという仮説を立てた。

そこで２０１５年から２０１７年まで徹底的に研究を重ね、規制空売りだけのデータを取り、投資の実績データを集め続けた。

エクセルシートにすると約４０００〜５０００シートに及ぶほどのデータ量になった。

そこから、相関関係や確率などを記録し、何度もＡＢテストを繰り返す中で、可能性の高い一つの理論としてまとまった。


8割くらいの確率で、このようなチャートのパターンを描く。

8割くらいのパターンで、人の恐怖の感情がピークになり狼狽売りが出やすい。

こういった原理原則が見えてきた。


もちろん100%予測することは無理である。

しかし、100%に近い結果を出すために、条件を組み合わせることは可能であることを知った。


そこで、この規制空売りを一つの理論としてまとめ、2017年に一部の投資家に試してもらうことを実験的に行ってみた。

そうすると、過去に空売りを1回も行ったことがない人であっても、面白いように実績を出せるようになった。

2017年当時、私たちが出した実績では勝率8割平均10%以上のパフォーマンスを出すことに成功。

もちろん、不確定要素の高い未来に対して同じパフォーマンスを出すことを約束することはできないが、それに近い実績を出し続ける可能性は十分にある。

経済発展と叡智の継承を願って

空売りとはごく一部の機関投資家やプロトレーダーだけが行っていた手法で、個人投資家にはあまり広まることはなかった。

空売りが怖いとか、危ないという格言が残っているのは、個人投資家に空売りで利益を出す人が増えてほしくないための、業界の都合である。

これからは、相場が上昇しても下落しても利益を狙うためには買いと空売りの両方を使いこなすことが必要となる。

片手しかパンチしてはいけないボクサーがチャンピオンになることはありえない。両方の手でパンチができて、初めてパフォーマンスが最大化する。投資家としても売りと買いを両方使いこなすことが求められる。

そういった人が世の中に増えることができれば、未来に対して不安になる人が減り、自分の未来を自分でデザインする人が増えればもっと社会は明るくなるのではないかと考えている。

この理論が広く社会に浸透し、経済活動を通じて日本経済の発展、次の世代へ叡智が継承され続けることを心より願っている。

堀北晃生

読者様への特典

最後までお読み頂きありがとうございました。

増担保規制になりそうな銘柄を見つけトレードをすることがキモだということもよくご理解いただけかと思います。

無料動画セミナーでは、増担保規制になる前の銘柄の探し方以外にも、実際に増担保規制銘柄をどのようにトレードしたらいいのか？　といった、具体的なトレードの方法なども解説していきます。

ですので、必ず無料セミナーに参加をしてみてくださいね！

無料動画セミナーのご案内

この無料動画セミナーに参加すると・・・
堀北の独自分析法によってスクリーニングされた
一般には公開されていない
増担保規制にかかりそうな銘柄の探し方をお伝えしています。

以下の QR コードからご参加ください。
※もちろん、動画セミナーへの参加費は無料です。

この無料動画セミナーに参加いただくと、このようなメリットもあります。

1. ニュースには出ない最先端の秘密情報を不定期でメール配信
2. 規制空売りの教科書では話せなかったコアな秘密について公開
3. 業界の裏側を暴露
4. 規制空売りを活用して利益が出た秘密の実績を紹介
5. 有料のオンラインコミュニティへの特別優待価格での招待
6. イベント・セミナーやシークレットライブセミナーなどの優先案内
7. 空売り銘柄の分析動画
8. 空売り投資家が知っておくべき教養の動画講座視聴プログラム
9. 規制空売りのウェビナー視聴の権利
10. その他

参考文献

◆書籍

・『勝てる投資家は、「これ」しかやらない』
　上岡正明　PHP研究所

・『世界一安全な株のカラ売り』
　相場師朗　ぱる出版

・『投資で利益を出している人たちが大事にしている45の教え』
　編著 市川雄一郎　編 グローバルファイナンシャルスクール
　日本経済新聞出版

・『投資の学校』
　高橋慶行　かんき出版

・『12万人が学んだ投資1年目の教科書』
　高橋慶行　かんき出版

◆ウェブサイト

「アーバンコーポ倒産ー裏切りの巨額転換社債」東洋経済ONLINE	https://toyokeizai.net/articles/-/1850
「インフレと株価の関係性とは?物価上昇に強い資産や運用方法も紹介」auじぶん銀行	https://www.jibunbank.co.jp/column/article/00352/
「お金の管理を学ぶ。『お金が貯まりやすい家計管理』にする方法」mattoco Life編集部	https://life.mattoco.jp/post/2019112101.html
「お金を上手に管理したい!すぐ始められるオススメ管理方法」セキララ・ゼクシィ	https://zexy.net/s/contents/lovenews/article.php?d=20191202
「おすすめネット証券比較&ランキング【2022年04月版】」MINKABU	https://minkabu.jp/hikaku/
「株価が暴落しても、あわてて売ってはいけないワケ」DIAMOND online	https://diamond.jp/articles/-/291611?page=4
「『株価急落時』の恐怖と投げ売りを克服する4つのポイント」　マネーの達人	https://manetatsu.com/2016/05/64593/
「株価チャートの見方」　SMBC日興証券	https://www.smbcnikko.co.jp/first/stock/kiso03/kiso03_3.html
「【株式】空売りとは?やり方や仕組みを分かりやすく解説!」いろはに投資	https://www.bridge-salon.jp/toushi/short/
「株式チャートの基礎の基礎」　東海東京証券株式会社	https://www.tokaitokyo.co.jp/otome/investment/stocks/chart.html
「株式投資『成行注文』で失敗する理由」	https://traderkawai.com/market-order/

「株式投資を始めてみたいけど、怖くないの?」ファイナンシャルフィールド	https://financial-field.com/assets/entry-131364
「株式の『空売り』とは?メリット・デメリットと注文の仕方」HEDGE GUIDE	https://hedge.guide/feature/stock-short-selling-merit-demerit.html
「株の急落相場で投げ売りして、大後悔する人の心理パターン2つ」PRESIDENT WOMAN	https://president.jp/articles/-/37557?page=3
「空売りとは何か　仕組みを分かりやすく解説、空売り規制や'リスクヘッジについても紹介」quick Money word	https://moneyworld.jp/news/05_00050926_news
「空売り銘柄の選び方とその注意点」SMBC日興証券	https://www.smbcnikko.co.jp/products/stock/margin/knowledge/016.html
「からだのしくみ」中外製薬	https://www.chugai-pharm.co.jp/ptn/medicine/karada/karada001.html
「株主優待とは?仕組みやメリット・デメリット、注意点について解説」LIFE PLAN navi	https://lifeplan-navi.com/column/2543/
「金融庁が『つみたてNISA』を勧める切実な理由、日本がダメになっても大丈夫?」DIAMOND online	https://diamond.jp/articles/-/280111
「【黒字倒産をわかりやすく解説】倒産する要因と回避方法は?」SaaSLOG	https://kigyolog.com/article.php?id=432
「クロージングで心を掴む営業トーク。心理テクを応用したテンプレートを公開。」士業の学校：プレスクール	https://sigyou-school.biz/pre/blog/business-skill/closing-talk/
「下落相場で順張りと逆張り・どちらが有利か?」トウシル	https://media.rakuten-sec.net/articles/-/25980
「行動経済学でみる投資家心理」　DIAMOND omline	https://diamond.jp/articles/-/261818
「サンクコスト効果とは?どこよりも分かりやすい入門編」マケフリ	https://makefri.jp/marketing/7242/
「資産家とは何?高所得者・富裕層との違いや金融資産額の目安を解説」ウェルスハック	https://www.musashi-corporation.com/wealthhack/wealthy-man
「実はすごい『複利』の効果!将来に備えて複利運用で資産を育てよう」りそなグループ	https://www.resonabank.co.jp/kojin/column/shisan_kihon/column_0015.html
「証券会社とは?仕事内容とビジネスモデルをわかりやすく解説」en-courage	https://en-courage.com/articles/2059
「『消費者物価指数』ってなんですか?」茨城県	https://www.pref.ibaraki.jp/kikaku/tokei/fukyu/tokei/furusato/007.html
「信用取引の空売り価格規制とは」SMBC日興証券	https://www.smbcnikko.co.jp/products/stock/margin/knowledge/004.html
「デキる投資家は知っている!『ネット証券』の5つの魅力」京葉銀行	https://www.keiyobank.co.jp/individual/column/asset/202108005.html

「テクニカル分析で相場の流れをつかもう!具体的な分析方法を紹介」Money Hub	https://toushin-plaza.jp/column/kabu-technical/
「伝説の投資家ウォーレン・バフェットを、知る。」マネックス証券はじめての米国株	https://info.monex.co.jp/yahoo-usstock-beginner/column/005/
「投資におけるリスクとリターンの関係」東海東京のiDeCo	https://moneque.tokaitokyo.co.jp/service/ideco/03/risk-return/
「トレンドラインで知る"買いサイン・売りサイン"~②正しいトレンドラインの引き方」 お金のキャンパス	https://money-campus.net/archives/3610
「なぜ損を避けたい人ほど大損してしまうのか」東洋経済	https://toyokeizai.net/articles/-/384273?page=3
「成行・指値・逆指値の違いとは?株の注文方法を解説」価格.com	https://kakaku.com/stock/articleview/?no=333
「成行注文とは?~長所・短所・注意点のまとめ~」イマカブ	https://imakabu.net/buysell/marketorder
「『苦手』は、脳の使い方であっという間に克服できる」 BUSINESS INSIDER	https://www.businessinsider.jp/post-34578
「人間の脳は1万年以上進化していない!?トランプ大統領の出現を歴史的にどう見るか……現代の知の巨人・出口治明講演会質疑応答2」DIAMOND online	https://diamond.jp/articles/-/238381
「脳のはなし」Active Brain CLUB	https://www.active-brain-club.com/ecscripts/reqapp.dll?APPNAME=forward&PRGNAME=ab_brain_detail&ARGUMENTS=-A3,-A201812,-A20181221141722391,-A
「売買の規制」日本取引所グループ	https://www.jpx.co.jp/equities/trading/regulations/02.html
「初めてでもわかりやすい用語集」SMBC日興証券	https://www.smbcnikko.co.jp/terms/japan/ma/J0727.html
「反射と反射神経について」伊月病院	https://www.itsuki-hp.jp/radio/kako-111113
「日々公表銘柄とは?指定基準や株価に与える影響を解説します」インテク	https://aibashiro.jp/contents/yg00091/
「夫婦で上手にお金を管理するには?おすすめのやりくり方法から貯蓄のコツを伝授」iyomemo	https://www.iyobank.co.jp/sp/iyomemo/entry/20220303.html
「不整脈Minds版やさしい解説」Mindsガイドラインライブラリ	https://minds.jcqhc.or.jp/n/pub/3/pub0047/G0000543/0003
「不動産投資とは?初心者が知るべきメリットや魅力、仕組み、運用方法、始め方」RENOSYマガジン	https://www.renosy.com/magazine/entries/52

「古い脳のすばらしさ-「扁桃核」の働き-」ATIS	https://www.atis.gr.jp/topics/2019/%E5%8F%A4%E3%81%84%E8%84%B3%E3%81%AE%E3%81%99%E3%81%B0%E3%82%89%E3%81%97%E3%81%95-%E3%80%8C%E6%89%81%E6%A1%83%E6%A0%B8%E3%80%8D%E3%81%AE%E5%83%8D%E3%81%8D/
「プロスペクト理論と損失回避性｜経済行動の心理学」かんでんCSフォーラム	https://www.kcsf.co.jp/marketing/prospect.html
「プロスペクト理論とは?行動経済学をビジネスに応用する方法」STUDY HACKER	https://studyhacker.net/prospect-theory#%E3%83%97%E3%83%AD%E3%82%B9%E3%83%9A%E3%82%AF%E3%83%88%E7%90%86%E8%AB%96%E3%81%8B%E3%82%89%E5%AD%A6%E3%81%B9%E3%82%8B5%E3%81%A4%E3%81%AE%E3%81%93%E3%81%A8
「暴落は海の向こうからやって来る?あの歴史的ショックから学べること」かぶまど	https://kabumado.jp/crash_history_1/
「増担保規制銘柄を空売りで狙う」 TLC	https://tradelife.jp/investment/5837/#i-4
「【増担保考察】増担保候補銘柄の見つけ方を紹介します」マルオの長期投資(日本株・外国株)	https://thelovebug.jp/archives/2220
「増し担保の解除後に上がる株とは?【ましたん解除】 おとなの株ラウンジ	https://kabu-lounge.com/column/mashitan/#%e5%a2%97%e3%81%97%e6%8b%85%e4%bf%9d%e8%a7%a3%e9%99%a4%e5%be%8c%e3%80%81%e6%a0%aa%e4%be%a1%e3%81%8c%e4%b8%8a%e3%81%8c%e3%82%8b%e9%8a%98%e6%9f%84%e3%81%ae%e7%89%b9%e5%be%b4%e3%81%a8%e3%81%af%ef%bc%9f
「優待株投資のメリット・デメリットをおしえてください」楽しい株主優待&配当	https://www.kabuyutai.com/advice/beginner/beginner41.html
「リボ払いはなぜやばい?仕組みとリボ体験のリアル」弁護士法人イージス法律事務所	https://www.aegislo.com/saimu/repayment/default/43310/
「ローソク足チャート」 マネックス証券	https://info.monex.co.jp/technical-analysis/indicators/011.html
「ロボアドバイザー運用は失敗が多い? AI投資のリスクや対策法を解説」ナビナビ	https://www.a-tm.co.jp/top/securities/robo-advisor/failure/#602e57cffa702763
「2022年最新版読者に聞いた口コミ付き!ネット証券おすすめランキング」ZUU	https://zuu.co.jp/media/stock/securities-company-ranking/

堀北晃生（ほりきた あきお）

株式コンサルタント兼作家。MBA経営学修士。個人投資家と社会起業家の支援と投資スクールの講師。日本で唯一の株価規制を空売りする理論の開発者。19歳で起業。インターネットを活用した株式投資が将来の社会に求められるスキルであるということを実感し、資産運用会社へ転身する。欧州系のプライベートバンクにおいて資産ポートフォリを作成し資産拡大の戦略を独自理論として確立し始める。

「個人投資家にもプロ投資家と同じ投資情報を提供」することを模索し、経済学、群集心理学、物理の法則、会計学、マーケティング理論など多様な領域から「情報と意思決定と整え、チャンスの連動性を高める」独自の投資メソッドを開発。現在は、「空売り」という武器をすべての個人投資家にということをコンセプトに、規制空売りの研究をはじめコミュニティ運営やライスセミナーなどの活動を行う。

株式投資で1億円の作り方

2023年4月30日　初版発行

著者／堀北晃生

印刷所／中央精版印刷株式会社

監修／一般社団法人マネーアカデミー
〒150-0043 東京都渋谷区道玄坂1-12-1 渋谷マークシティW22階

発行・発売／株式会社ビーパブリッシング
〒154-0005 東京都世田谷区三宿2-17-12　tel 080-8120-3434

ISBN 978-4-910837-08-6　C0033

※投資の最終判断は、ご自身で行っていただきますようお願いします。
※本書の内容に従って投資を行い、損失を出した場合も著者及び発行元はその責任を負いかねますのであらかじめご了承ください。
※本書は特定の金融商品を勧めるものではありません。